DR. IRVI...

FIESTA
en la CASA
de *Dios*

Reflexiones pastorales en torno a la liturgia cristiana

EDITORIAL NUEVA COMUNIDAD

©2013 Editorial Nueva Comunidad
Todos los derechos reservados.

Dr. Irving Cotto-Pérez
922 Parkway Rd.
Allentown, Pa. 18104-3341

Publicado por Rvdo. Dr. Irving Cotto-Pérez

A menos que se indique lo contrario,
todas las citas bíblicas fueron tomadas
de la Versión Reina-Valera, revisión 1960.

Distribuido por Editorial Nueva Comunidad
922 Parkway Rd.
Allentown, Pa. 18104-3341

ISBN: 978-1-49097-811-6

CRÉDITOS:
Portada: Ivelisse Valentin Grafika4
Tipografía, Arte & Diagramación: Rosita Pantojas Art & Design
Digital Printing,
Reformato: Emmanuel Morales
Coordinación de Impresión: Edwin Cotto Pérez
Re-edición: Mildred Lorenzana Vázquez
Editado en Puerto Rico ©2013

Impreso en EUA

FIESTA

en la CASA

de Dios

TABLA DE CONTENIDO

DATOS BIOGRÁFICOS 5

AGRADECIMIENTO 6-7

PRÓLOGO 8-10

INTRODUCCIÓN 11-15

CAPÍTULO I

¡SURSUM CORDA!...........................16-31

CAPÍTULO II

ENTRE EL PASADO Y EL FUTURO...........32-48

CAPÍTULO III

¡EN LA PRESENCIA DE DIOS!...............49-70

CAPÍTULO IV

¡LA COMUNIÓN DE LOS SANTOS!...........71-93

CAPÍTULO V

¡SIGAMOS LA FIESTA!......................94-126

REFERENCIAS 127-129

Datos Biográficos

El Dr. Irving Cotto Pérez es presbítero ordenado de la Iglesia Metodista Unida. Desde 1989 es miembro activo de la Orden de San Lucas, la cual promueve la vida sacramental en la Iglesia Metodista Unida. Ha servido como pastor en Puerto Rico y en Norteamérica, en los estados de Pennsylvania y Nueva Jersey. Su preparación académica incluye un bachillerato universitario (B. A.) en Psicología de la Universidad Central de Bayamón, Puerto Rico; una Maestría en Divinidad (M. Div.) del Seminario Teológico Union en la ciudad de Nueva York; una Maestría en Consejería y Cuidado Pastoral (M. S.) de la Universidad Neumann en Aston, Pennsylvania, y un Doctorado en Ministerio (D. Min.) con concentración en Misión y Pastoral del Seminario Bautista del Este en Philadelphia, Pennsylvania.

El Dr. Cotto Pérez ha escrito módulos de capacitación para misioneros laicos en el campo de la liturgia y la música congregacional. Ha tenido experiencia como facilitador de talleres, y como facultad adjunta en la escuela del curso de Estudio en el Seminario Teológico Perkins en Dallas, Texas y el Seminario Garrett Evangelical en Evanston, Illinois.

Durante los años 2008 al 2012 fungió como Director de Desarrollo Congregacional en la Conferencia del Este de Pennsylvania de la Iglesia Metodista Unida. En este cargo era responsable por la plantación de nuevas iglesias, y particularmente de los ministerios hispanos/latinos en dicha área. Recientemente, en verano de 2012, fue nombrado por la Obispo Peggy A. Johnson como Superintendente de Distrito.

Está felizmente casado con Lillian Lucrecia de Paz, quien es parte de la misión como plantadora de iglesias. Los esposos Cotto son padres orgullosos de tres hijos adultos: Julio, Andrés y Alejandro.

Agradecimiento

Al Dr. Samuel Escobar, pastor, misionólogo, escritor, educador y amigo: *¡Gracias!*, por haber hecho posible el "Proyecto Escribir" en el que un grupo de pastores nos dimos a la tarea de producir materiales instructivos para la iglesia hispana/latina en los Estados Unidos de Norteamérica. Su liderato, mentoría y consejo los tengo atesorados en un lugar especial. Su calor humano, su pasión por la autenticidad misionera de la iglesia me hicieron amar aún más mi quehacer pastoral, y el poder incomparable de la letra impresa.

Al hermano Carlos Bonilla, *¡qué paciencia!* y *¡qué espíritu de servicio!* Gracias por coordinar este proyecto y por animarme en esta jornada a través del mundo de la palabra escrita. Todavía recuerdo con beneplácito tu apoyo y estímulo junto a tus destrezas de editor, que me catapultaron una y otra vez hacia la conclusión del manuscrito. Con ustedes dos quedo perennemente endeudado. Reciban mi abrazo fraternal y mis oraciones por su continua labor abnegada en pro de la obra del reino de Dios.

A mis colegas en el "Proyecto Escribir", vivimos momentos memorables mientras compartimos ideas en torno a nuestras respectivas obras. Tanto en Latinoamérica como en los Estados Unidos convivimos horas de apoyo mutuo, confraternización y mutuo enriquecimiento intelectual. *¡Nunca les olvidaré!*

La comunidad de alumnos y alumnas del Instituto Bíblico Hispano de Lancaster merece también mi agradecimiento por haberme brindado la oportunidad de servirles de instructor en un curso llamado **Adoración Cristiana Hispana** durante el año académico de 1995-96. Dicha clase demostró un profundo espíritu ecuménico y un apasionado interés en la Biblia. Sus comentarios y desafíos teológicos bañaron el proceso de estudio de un intenso diálogo concerniente al ¿por qué?, y ¿para qué? del culto cristiano.

A la Iglesia Metodista Unida El Redentor* quiero decirle *"gracias por caminar conmigo en este peregrinaje de crecimiento y experimentación en el ministerio de la adoración".* En medio de ese pueblo pude tratar nuevas modalidades con la libertad de errar y tratar de nuevo.

A mi querido hermano, el Rdo. Edwin Cotto Pérez, pastor de la Iglesia Metodista de Puerto rico y a su querida esposa, Mildred Lorenzana, quienes me ayudaron a rescatar este proyecto cuando parecía que ya no se iba a dar. Gracias, querida cuñada, y gracias, amado hermano.

No puedo pasar por alto a mis tres hermosos hijos, Julio, Andrés y Alejandro, ahora ya hechos unos hombres de bien, quienes dieron sus primeros pasos en la adoración y la música colaborando conmigo en la fiesta del Señor junto a una congregación agradecida.

A Lucrecia, mi amada y fiel compañera, quien en medio de esta empresa, rodeada de muchas reuniones, obligaciones familiares y expectativas casi inhumanas, suplió palabras de encomio y ánimo. ¡Una deuda imposible de pagar!

---

* La Iglesia El Redentor se unió con la Iglesia St. Paul's en el 2011.

Prólogo

Siempre he admirado la pasión de Irving hacia la música, la predicación y la iglesia. Desde nuestra adolescencia, ambos, como hijos de pastores, hemos compartido sinnúmero de experiencias alrededor de la vida de la iglesia. Campamentos, agrupaciones musicales, campañas evangelísticas, grupos de jóvenes, programas de televisión, cultos de adoración, retiros, y muchas experiencias más, todas permeadas por el espíritu de celebración que caracteriza la hermandad cristiana, y por la pasión que se emana al servir a Dios de todo corazón.

Dentro de su compromiso, su fervor pastoral, y su conocimiento teológico, surgen para Irving nuevas oportunidades de desarrollo y servicio en el ministerio ordenado. Se traslada a la ciudad de Nueva York, y eventualmente, a Reading, Pennsylvania. De igual manera, surgen para mí nuevas oportunidades de estudios teológicos y de servicio pastoral en Lancaster, Pennsylvania. Vuelven la música, la predicación y la iglesia a conectarnos, aunque establecidos en diferentes ciudades.

Cuando respondí a la invitación para terminar mis estudios teológicos en Lancaster, Pennsylvania, acepté trabajar simultáneamente como pastor estudiante en la Iglesia Metodista Unida El Redentor, en esa misma ciudad. Esta congregación había pasado por un tiempo de crisis y la membresía se había reducido a un puñado de personas. Se me pidió trabajar con la congregación y la comunidad, y hacer una recomendación a la Conferencia Anual del Este de Pennsylvania si había, o no, posibilidad de un ministerio hispano metodista en esa ciudad. Después de un año intenso, mi recomendación fue afirmativa a las amplias posibilidades de un ministerio fructífero en Lancaster con la comunidad hispana/latina. Mi recomendación específica a la Conferencia Anual del Este de Pennsylvania fue que la congregación tenía que relocalizarse a un edificio propio, más visible, y con facilidades físicas que proveyeran oportunidad para el desarrollo de varios ministerios.

Durante los cuatro años consecuentes se trabajó arduamente, y la Iglesia El Redentor adquirió su propio edificio, remodeló las facilidades, creció en membresía, se fortaleció financieramente, y comenzó su ministerio de alcance a la comunidad. Otras puertas de servicio al Señor y a la Iglesia Metodista Unida se abrieron, y después de cinco años me trasladé a New York.

Una iglesia como El Redentor necesitaba en ese momento un pastor que tuviera visión, fervor pastoral, talentos, compromiso y pasión por el evangelio. Las oportunidades estaban a la mano. El reto de desarrollar una comunidad de fe que celebre adoración a Dios dentro de su contexto específico, proveyendo sanidad y liberación, y como resultado ser motivada a la labor misional, es tarea ardua. ¡Qué mejor persona que el Rvdo. Irving Cotto para dicha tarea, y mucho más!

La adoración es la expresión primordial de la iglesia y el culto de adoración es la celebración céntrica de esta comunidad de fe. Indiscutiblemente, como expresa Irving Cotto, "Dios está guiando a su pueblo hacia un redescubrimiento de la adoración, la alabanza y la importancia del culto".

Al leer las páginas de este libro "Fiesta en la Casa de Dios", Irving nos contagia con el espíritu de fiesta y celebración característico de nuestro pueblo hispano/latino. También nos ofrece el fundamento bíblico y teológico de la adoración eclesiástica; nos define la adoración, la liturgia y sus diferentes expresiones, y resalta los elementos que se destacan en el culto con sabor hispano/latino. Nos ofrece direcciones específicas y recursos excelentes para líderes de adoración en todas las denominaciones, y para todos los que responden a la invitación a la fiesta del Señor. Recalca la interacción entre los que dirigen, los participantes, sus dones y actitudes, la riqueza cultural, la presencia de Dios, y todo lo que hace posible esta fiesta sagrada.

"Fiesta en la Casa de Dios" ofrece sugerencias para la reflexión y la acción. Nos ofrece recursos para el desarrollo de ministerios de adoración de excelencia fundamentados en la Palabra de Dios. *"Fiesta en la Casa de Dios"* toca el corazón de los adoradores, pues en las experiencias que relata, de una manera u otra, nos vemos todos identificados. Llama a cada congregación a la celebración del culto con lo mejor que representa quienes son, de dónde vienen y hacia dónde van.

Ojalá que, de la misma manera que la Iglesia El Redentor respondió a la invitación del Señor, se preparó lo mejor posible para la fiesta, y puso en su corazón rendir tributo a Dios con gozo, al ritmo del pueblo, cada persona, pastor, congregante y todo el pueblo que lee este libro no pueda hacer otra cosa que decir: "¡Vamos a la fiesta!".

Rvda. Dra. Milca C. Plaud,
Iglesia Evangélica Metodista Unida de Coop-City, NY
Diciembre, 2010

Introducción

Comencé a escribir cuando estaba muy cerca de cumplir veinte años en la labor pastoral. Finalmente, después de varios intentos y de distracciones que aparecieron en el camino, puedo compartir esta obra ahora cuando ya he cumplido treinta y un años como ministro ordenado de la Iglesia Metodista Unida. Quizá hubiera podido modificar este documento en varios lugares, sin embargo, resistí esa idea. Quise dejar la obra tal y como fue inspirada originalmente, con pequeños cambios para actualizarla.

Siendo hijo de un pastor metodista, tuve el gran privilegio de aprender las destrezas del oficio, observando a mi padre, el reverendo Efraín Cotto, y aceptando sus continuas invitaciones a compartir algunas responsabilidades de la labor eclesiástica.

Bajo el pastorado del reverendo Eduardo Martínez, me fueron ofrecidas amplias oportunidades para probar mi llamado al ministerio ordenado en la Iglesia Metodista Unida. Para el año 1976, me iniciaba como pastor estudiante en el pueblo de Aguas Buenas, Puerto Rico, mientras cursaba mis primeras lecciones en teología en el Seminario Evangélico de Puerto Rico.

Recuerdo con gran satisfacción cómo cada fin de semana era una nueva oportunidad para reunirme con mi humilde parroquia y cantar juntos la historia de Cristo. La llegada del lunes significaba, que habría de disectar el momento trascendental vivido entre los miembros de aquella comunidad de fe, en el aula de estudio, en busca de significado e integración.

De allí pasé a los Estados Unidos de Norteamérica, al Seminario Teológico Union, en la ciudad de Nueva York, mi ciudad natal, para continuar mi formación académica. Fuimos un grupo de cuatro seminaristas/pastores metodistas unidos, los que participamos de un año de estudio y trabajo. Mi tarea involucraba viajar todos los fines de semana a la ciudad de Reading, Pennsylvania para desarrollar un ministerio hispano/latino. Nuevamente, el encuentro con la gente en sus hogares, en los hospitales, en la cafetería, en los campamentos de hongos, así como en la pequeña capilla de "Central United Methodist Church", sirvieron de fundamento para mis primeras reflexiones serias sobre *la pastoral hispana*. La reunión dominical se constituyó en el laboratorio desde donde quise experimentar nuevas ideas y nuevas formas de celebrar la fe en Jesucristo.

Después de haberme graduado del seminario pasé a vivir a Reading, donde serví como pastor por otros cuatro años, dejando organizada una nueva congregación: la Iglesia Metodista Unida Emanuel, y una presencia significativa en la comunidad. Un día, inesperadamente, recibí un nombramiento por mi obispo para trabajar en la ciudad de Lancaster, Pennsylvania.

Serví como pastor en dicha ciudad en la Iglesia El Redentor, desde el verano de 1982 hasta el mes de septiembre de 1999. Posteriormente, el desarrollo de mi jornada pastoral fue grandemente marcado por las vivencias de mi tiempo allí, sembrando en mí un profundo interés, particularmente en el área de la adoración y la liturgia. El intercambio con ese pueblo de El Redentor me hizo crecer y madurar en el entendimiento de lo que implica reunirse en nombre del Señor para rendir culto a Su nombre.

Recuerdo que cuando comencé mis labores pastorales encontré la celebración de un culto sencillo centrado en la predicación y en el canto congregacional. Dieciséis años después, juntos habíamos llegado al punto donde el elemento más importante para la grey era la *presencia de Dios* hecha notoria en todos los pasos involucrados en la liturgia. En otras palabras, tanto el contenido como el proceso mismo de la adoración recibieron la misma importancia. Dios estaba evidentemente presente en la reunión de la asamblea, pero ciertamente Dios estaba presente en cada aspecto contenido en la liturgia. No se trataba de que el sermón fuera la parte "más importante" del culto, sino que Dios estaba hablando en los silencios, en los gestos, en los símbolos, como en los cantos y en el sermón.

Sabemos que el acto completo de la liturgia consiste de dos movimientos principales: uno de esos movimientos es el mensaje que Dios quiere dar a su pueblo, y el otro movimiento es la ofrenda que el pueblo quiere ofrecer a Dios en respuesta a ese mensaje.

Durante mi trayectoria en El Redentor viví en mi propia carne lo que se ha descrito como *convergencia en el culto* (Webber, 1992). Por convergencia me refiero a un nuevo interés por renovar el culto cristiano, uniendo elementos de distintas tradiciones eclesiásticas para enriquecer el evento de la adoración congregacional. Un ejemplo de convergencia lo encontramos en aquellas iglesias evangélicas que afirman su fervor carismático al mismo tiempo que buscan poner en práctica nuevas formas y ritos litúrgicos en el culto, sin abandonar las bases fundamentales de su tradición eclesiástica, luterana, presbiteriana, wesleyana o reformada.

Claro está, dentro de este movimiento se encuentra la iglesia hispana/latina de los Estados Unidos, redescubriendo los símbolos, ritos y gestos propios del pueblo a fin de adorar a su Dios desde una postura de auto-afirmación. Un lugar desde donde el pueblo se acerca a Dios contando su propia historia, con su propia identidad al Dios que se mueve entre todos los pueblos.

Este libro es en gran parte un desglose de vivencias pastorales, pero al mismo tiempo una reflexión sobre el culto a partir del contexto hispano/latino. Quiero invitar a quienes lo lean, a considerar los elementos que constituyen la adoración en su propia situación, a la luz de mis comentarios.

Mi primer capítulo examina algunos fundamentos bíblico-teológicos del culto cristiano. Haciendo uso de varios conceptos se establecen ciertos parámetros para la celebración de la adoración.

En el segundo capítulo me interesa examinar la realidad cultural de la iglesia hispana en términos de dinámicas que mueven la fe de dicho grupo, por ejemplo: el espíritu de fiesta, la expectativa *sacramental* de la predicación, un énfasis en la *presencia del Espíritu*, y el componente *misional* que permea la fe del pueblo hispano/latino.

El tercer capítulo apunta hacia la naturaleza terapéutica de la experiencia de la adoración. Hablar de *liturgia y sentido comunitario* no es otra cosa que un esfuerzo por explorar la relación que existe entre la reunión de la asamblea de fe y la "conciencia" de nuestro pueblo que vive en medio de situaciones de opresión, marginación y discriminación.

El cuarto párrafo es un aproximación a la naturaleza sanadora y restauradora de la asamblea litúrgica en momentos de crisis, pérdida o enfermedad. Mediante el contenido y el movimiento del culto quienes participan en la adoración pueden experimentar momentos de esperanza y renovación".

Por último, el capítulo cinco propone directrices para una *pastoral hispana de la liturgia*. Aquí el libro ofrece sugerencias prácticas, nacidas del quehacer pastoral con la intención de proveer un recurso de trabajo para pastores y pastoras, liturgistas, músicos, feligreses en la iglesia hispana/latina.

Al emprender esta obra, traigo unas convicciones muy personales sobre la adoración:

[1] la adoración es una celebración comunitaria. Durante el tiempo que pasamos congregados en la casa de Dios, nos reunimos no para ver un espectáculo sino para reconocer al Dios Creador y Salvador que tiene un amor incondicional por la humanidad. Esta reunión se da junto a otras personas que, dentro de sus dolores, pesares y aspiraciones anticipan la acción de Dios en el culto. En ese espacio, el pueblo respira aires de libertad y esperanza en vista de que el Señor de la iglesia *"salta de gozo y danza con alegría"* en medio de Su pueblo (*Biblia Latinoamérica, Edición Pastoral* p. 710).

En aquel tiempo se dirá a Jerusalén: ¡No temas; Sión, que no se debiliten tus manos! Jehová está en medio de ti; ¡él es poderoso y te salvará! Se gozará por ti con alegría, callará de amor, se regocijará por ti con cánticos. Como en día de fiesta apartaré de ti la desgracia; te libraré del oprobio que pesa sobre ti. En aquel tiempo yo apremiaré a todos tus opresores; salvaré a la oveja que cojea y recogeré a la descarriada. Cambiaré su vergüenza en alabanza y renombre en toda la tierra.

-Sofonías 3: 1-19

[2] la adoración es una experiencia sanadora, porque nos permite mirar nuestras contradicciones, nuestros pesares, nuestras heridas y penas, y hallar palabras de consolación en las Escrituras, en la intercesión, y en la comunión con los santos de Dios.

[3] la adoración se da en un contexto específico, por ende, es una experiencia en tiempo y en espacio que se lleva a cabo en medio del marco cultural de un pueblo, que tiene una memoria de su pasado. Su cúmulo de tradiciones, costumbres, símbolos, lenguajes, se plasman en el cántico, la predicación y en su manera de visualizar la Biblia (González, 1995).

[4] la adoración exige un compromiso de fe; una respuesta a la iniciativa de un Dios de amor y de justicia. Se nos llama durante ese evento sagrado a adoptar un estilo de vida en armonía con la vida de Cristo. Cuando nos reunimos para adorar no podemos ignorar que Dios nos invita a reformar nuestro diario quehacer y a consagrarnos vez tras vez a los intereses del Reino de Dios en la tierra.

Mi oración es que las reflexiones compartidas en esta obra puedan servir de inspiración y apoyo especialmente a quienes laboran en alguna tarea relacionada al ministerio de la adoración.

¡SURSUM CORDA!
Capítulo 1

𝓗an pasado más de diez años desde que la Iglesia El Redentor y yo atravesamos por una experiencia inolvidable. Dos días después de lo ocurrido me encontraba al piano componiendo uno de mis himnos favoritos. Mientras respondía a la inspiración que fluía en mi espíritu, seguía repasando todo lo que habíamos vivido en el culto dominical.

Durante la semana, la atmósfera en la iglesia se había cargado de tensión y de disgusto. Malos entendidos, de esos que frecuentemente se suscitan en una congregación, estaban socavando la unidad de la congregación. Para complicar las cosas, como es la costumbre en un gran sector del pueblo cristiano evangélico, todos los primeros domingos del mes, la Iglesia el Redentor celebra la Cena del Señor.

Sabemos que todo culto a Dios representa un momento de encuentro con su palabra, pero la participación en la Santa Cena nos pone de frente a los temas de la confesión y el perdón, quizá como ningún otro acto de adoración congregacional.

En realidad parecía otro domingo más. Hubo cánticos, lecturas bíblicas, el sermón, un tiempo para anuncios y saludos. ¡Oh, pero la alabanza de ese día fue inspiradora! Esa mañana Dios se plació en sorprendernos con su inefable gracia. Sin merecernos absolutamente nada, nos llamó a un nuevo comienzo.

Una vez terminado el sermón, pasamos al altar para recibir el pan y la copa. Respondiendo a su carácter carismático y espontáneo, la gente se acercaba cantando y expresando palabras de gratitud al Señor.

Cuando ya estábamos a punto de distribuir los elementos de la comunión, me detuve por unos segundos e hice una invitación espontánea a la reconciliación. Dije: *"¿hay alguien aquí que necesita arreglar sus cuentas con algún hermano o hermana?"*

Para la oficialidad de la iglesia, y una gran parte de la parroquia, no era noticia nueva que hubiera ruptura y dolor dentro del rebaño. Todos estábamos muy claros en que el pecado de algunos siempre afecta al resto de la congregación. La llamada rebelión de Coré, tal y como se presenta en el libro de Números (cap. 16), nos da un claro ejemplo del efecto que la falta de reconciliación y confesión puede tener sobre una comunidad de fe. Coré provenía de la tribu de Leví, es decir, de una familia sacerdotal, y ayudaba en el Tabernáculo. Pero en su afán por poner en duda los roles de Moisés y Aarón, con la ayuda de Datán, Abiram, On y 250 seguidores, se sublevaron rehusando someterse al ministerio de Moisés y Aarón y contaminaron al pueblo con la idea de que Moisés había sido incapaz para traerlos a la tierra prometida (vv. 13-14). Se dieron a la murmuración y se opusieron a su autoridad:

¡Basta ya de privilegios! Todo el pueblo ha sido consagrado por Dios, y el Señor está con todos nosotros. ¿Por qué se levantan todos ustedes como autoridad suprema sobre el pueblo del Señor? (Versión Popular)

Lo interesante es que toda esta polémica y conflicto se resolvió en el contexto de una experiencia de culto. Mientras que los rebeldes insistieron en tomar las riendas del pueblo en sus propias manos, fomentando un culto a Dios sin la debida aprobación de los líderes, Dios en su sorpresiva e impredecible acción, manifestó su gloria en esa reunión. Junto con su gloria llegó también su juicio. Como resultado de su intervención, el grupo conspirador tuvo que afrontar graves consecuencias por haber atentado contra la unidad del pueblo.

Clamando a Dios en favor del pueblo, Moisés y Aarón, lograron salvar al resto del pueblo. Después de afirmar su autoridad y su ministerio (vv. 27-28), la tierra abrió su boca, tragándose al partido de Coré con todas sus pertenencias.

Para colmo de males, los supuestos inocentes que llevaban los incensarios para la adoración, terminaron completamente quemados después de que Dios enviara su fuego consumidor. La carta a los Hebreos, capítulo 12, nos recuerda que en su amor por su pueblo Dios no se priva de disciplinarnos.

"...tuvimos a nuestros padres terrenales que nos disciplinaban y los venerábamos. ¿Por qué no obedeceremos mucho mejor al Padre de los espíritus, y viviremos? ... Ciertamente por pocos días nos disciplinaban como a ellos les parecía, pero éste para lo que nos es provechoso, para que participemos de su santidad." (vv. 9-10)

Claro está, disciplina en los versos 7-10 significa mucho más que castigo sanguinario. El término *"paideias"* apunta hacia la instrucción, el adiestramiento, o el desarrollo de un niño o una niña. Además, el término contiene la idea de un proceso doloroso que prepara a una persona para la vida cristiana (vv. 11-13). Después de enfatizar la acción correctiva de Dios sobre su pueblo, el capítulo nos invita a acercarnos a Dios con gratitud, temor y reverencia (v. 28).

Para la Iglesia El Redentor, la corrección vino de otra manera obviamente mucho más misericordiosa, pero igualmente impactante a la vida de la feligresía. Esa mañana redescubrimos el amor paternal y maternal del Señor. Pasaron unos minutos en silencio cuando repentinamente la gloria de Dios se derramó sobre los comulgantes: lágrimas de arrepentimiento, de compungimiento y clemencia brotaban de nuestros ojos, plegarias y súplicas subían como una ofrenda al Señor.

"Hermanos", comencé mi exhortación, *"tengo una fuerte impresión en mi espíritu de que Dios nos está llamando a que miremos al Mesías. No es tiempo para mirar nuestras debilidades, sino de mirar a nuestro Señor. Él es el fundamento de nuestra unidad, y quien hace posible que vivamos en amor".*

El silencio se rompió cuando un hermano pidió permiso para hablar. Voluntariamente confesó su participación en la discordia y pedía al Señor y a los hermanos que lo perdonaran. Seguido de esta confesión hubo una cadena de llantos que sirvieron de antesala para el partimiento del pan. Mientras pasaba el pan y la copa, las palabras del ritual con el que crecí en mi iglesia madre cobraron un profundo significado: "el cuerpo de Cristo, dado por ti, preserve tu alma para la vida eterna..., la sangre de Cristo, derramada por ti, preserve tu alma y cuerpo para la vida eterna. Come y bebe en memoria de que Cristo murió por ti y sé agradecido". (*Himnario Metodista*. Nashville: *United Methodist Publishing* House. 1973, p. 566).

Este encuentro con el Señor me llevó a componer el himno, "*La Esperanza de Israel*". ¡Alabado sea el nombre de Dios, que nos amonesta y al mismo tiempo nos ofrece su gracia restauradora!

En el culto, Dios nos hace conscientes de nuestras insuficiencias y nuestras injusticias, pero al mismo tiempo nos invita a empezar de nuevo. El Señor se identifica con nosotros, y se mueve en medio de su iglesia sin dejar de ser ese "otro", o "esa otra persona"; es decir, un Dios de toda santidad, justicia, perfección y omnipotencia, que no podemos manipular, sino que sigue teniendo la palabra final en todo. En su preocupación por nuestra salud espiritual y nuestra integridad moral y social, aplica su corrección en amor por el futuro de su iglesia. Esto explica cómo estar en su presencia es una experiencia de júbilo, pues en nuestra miseria espiritual descubrimos cuánto nos ama.

¿Quién no desea festejar con el Señor, después de experimentar su misericordia? A pesar de que muchas de nuestras ligerezas humanas nos llevan a atentar contra la unidad congregacional, seguimos contando con la intervención de Dios cuyo reino es uno de "*justicia, paz y gozo en el Espíritu Santo*" (Romanos 14:17). ¡Gloria a Dios por su bondad!

En el siglo tercero apareció un documento conocido como la "Tradición apostólica de Hipólito", que contiene la frase **Sursum Corda** o "Eleven Sus Corazones". Con estas palabras antiguas, muchas congregaciones cristianas en el día de hoy dan inicio a la Cena del Señor (Volz, 1990, p.28). Los participantes del culto reciben una invitación a acercarse a Dios con toda reverencia, entrega y sumisión. De ahí el uso de esta frase como título para este capítulo. Me interesa que recordemos que la adoración no es meramente un programa semanal, ni el cumplimiento formal de una organización religiosa. Se trata de un encuentro con el Señor y su palabra.

Un Nuevo Tiempo en la Adoración

Indiscutiblemente Dios está guiando a su pueblo hacia un redescubrimiento de la adoración, la alabanza y la importancia del culto.

En todas partes podemos observar un renovado interés en la adoración; interés que se extiende a lo largo de las llamadas iglesias históricas o tradicionales, al igual que en medio de las llamadas iglesias de avivamiento, y las iglesias independientes. Tenemos que reconocer que este es un nuevo movimiento espiritual que está cambiando radicalmente la manera como la gente participa en el culto.

A consecuencia de este nuevo movimiento del Espíritu de Dios, se ha cosechado nueva música, composiciones originales de compositores hispanos/latinos, nuevos ritmos y estilos en la adoración congregacional. Las palabras de Esquilín (1995), son bien acertadas:

"...es innegable que nuestra generación ha sido testigo de un despertar en el área de la adoración. Por todas partes se escucha el repicar de las campanas, que para algunos anuncian la llegada de un nuevo avivamiento en la vida de la historia de la Iglesia de toda América. A través de este fenómeno, miles de almas han experimentado un despertar de su vida y de su relación con Dios."

Cuán refrescante es ver cómo particularmente muchos de nuestros jóvenes reclaman su lugar en el culto mediante agrupaciones musicales y mediante la creación de himnología nueva, mucha de ella basada en las sagradas escrituras.

Mientras este movimiento sigue expandiéndose, siempre hay quiénes se mantienen indiferentes, a veces abandonando la necesidad imperiosa de congregarse con frecuencia porque están afanados con reformar el mundo, y no tienen tiempo para la devoción personal y colectiva. A.W. Tozer llama a la adoración "la joya perdida", precisamente por esa indiferencia que empobrece la vida de muchas iglesias cristianas.

Otros idolatran el culto mismo ignorando la palabra de los profetas de que el culto a Dios tiene repercusiones para el diario vivir. Ambos extremos requieren amonestación. Si nos reunimos es porque queremos responder al amor de Dios. Respondemos a Dios porque en Jesucristo hemos encontrado nuestra "redención y nuestro destino" (Efesios 1:4ss). ¡Después de todo es un asunto del corazón!

"...un acto en el cual reconocemos la soberanía de Jehová. Solo Jehová es Dios y digno de toda alabanza. En la adoración afirmamos que Dios se ha revelado en nuestro vivir. A lo largo de los días del ser humano, el Señor es misericordioso y fiel para con sus promesas. La respuesta de fe es la sincera expresión de gratitud del corazón humilde que busca adorar a Dios." Himnario Metodista. 1996, p. 2

Muchas de estas iglesias en crecimiento han alcanzado a ver la importancia de la adoración y la alabanza en el desarrollo congregacional. Mediante el uso de nuevos cánticos, especialmente salmos con música, recuerdan que el objetivo primordial del culto es el de reconocer Su presencia. En esa experiencia se articulan palabras con un lenguaje popular, relevante a la comunidad que adora. Lo hermoso de esta nueva corriente en la iglesia es que el pueblo está reaprendiendo a hablarle a Dios como un Dios cercano, y accesible. Como un ser supremo que se deleita en bailar con su pueblo.

La influencia de la música, por ejemplo, de Marcos Witt, Carlos Alvarado y otras personas, en iglesias de habla hispana en Latinoamérica y los Estados Unidos, han dado auge a una mayor preocupación por la renovación del culto. Vivimos una hora oportuna para promover diálogos, encuentros teológicos, estudios bíblicos y otros programas de capacitación que propicien un proceso por el cual la gente de Dios pueda ampliar sus conocimientos en esta área tan crucial. Obviamente, es de esperarse que haya controversia, pero esto no nos debe desanimar. Se nos ha presentado un glorioso momento para encaminar a nuestras iglesias hacia estudios profundos sobre el culto y sus implicaciones para hoy.

¿Qué es Adoración y Liturgia?

Los términos adoración y liturgia se usan frecuentemente sin diferenciación alguna. Podemos decir que la adoración es la acción de rendir tributo a Dios y la liturgia, aquellos pasos que se toman para expresar ese tributo a Dios.

Tomado del mundo secular griego, el término liturgia se usaba para describir reuniones públicas que consistían de asuntos cívicos o políticos. Con el tiempo la comunidad cristiana utilizó el término para describir lo que ocurre cuando la asamblea se reúne para rendir tributo a Dios.

En el Nuevo Testamento se traduce en algunos lugares como "ministerio" o como "servicio" (Lucas. 1:23; Filipenses 2:17, 30). En Hebreos, Jesús es la liturgia de Dios en nuestro favor:

"Pero ahora tanto mejor ministerio es el suyo, cuanto es mediador de un mejor pacto, establecido sobre mejores promesas." (Hebreos. 8:6)

"Y además de esto, roció también con la sangre el tabernáculo y todos los vasos del ministerio." (Hebreos 9:21)

En breves palabras: "liturgia" se refiere a la obra del pueblo para el beneficio del pueblo (De Jesús, 1989).

En 1ª Corintios oímos que el apóstol Pablo define la calidad y el contenido de la experiencia de adoración en la comunidad cristiana:

¿Qué hay, pues, hermanos? Cuando os reunís, cada uno de vosotros tiene salmo, tiene doctrina, tiene lengua, tiene revelación, tiene interpretación. Hágase todo para edificación. (14:26)

La calidad del culto se encuentra en la participación colectiva de la congregación. Es decir, cada uno tiene algo que traer al culto, no sólo algo para recibir. Y es ésta una dimensión que algunas comunidades cristianas necesitan recobrar ya que aún podemos ver cómo en algunos círculos, el culto es la actuación de una sola persona en el altar, frente a un conglomerado de observadores y espectadores.

No obstante, la asamblea cultual es el encuentro de un pueblo con su Dios. A todo miembro del cuerpo de Cristo le ha sido dada la bendición del Espíritu Santo, haciendo posible que cada uno sea un vehículo para comunicar el favor de Dios sobre su iglesia (1ª Corintios 12:7) y para contribuir al crecimiento espiritual de los demás. Los comentarios de William Barclay (1973), son muy acertados cuando afirma que puede ser que la iglesia haya sufrido una gran pérdida cuando optó por delegar tanto en el ministerio profesional, dejando demasiado poco en las manos de la feligresía.

Tengamos presente que una deficiencia en nuestro entendimiento de lo que es la vida en el *Cuerpo de Cristo* a menudo resulta en el control de una o dos personas exclusivas sobre el resto de la congregación. Tenemos que aplaudir los cambios que se han dado en una gran cantidad de iglesias hispanas/ latinas. Se ha popularizado el equipo electrónico, las bandas musicales y los solistas. Personalmente he participado como músico de los cambios que se han hecho en el culto mediante el uso de la tecnología, y he podido ver la enorme aportación que hace la participación de la congregación.

Sin embargo, me preocupa grandemente que la participación de personas con talentos sea restringida por que no son considerados verdaderos profesionales. La visión bíblica en 1ª Corintios es la de un pueblo reunido en el nombre del Señor para oír y participar de todos los beneficios del culto. Por ello, hay que proveer oportunidades para que intervengan muchas personas en quienes Dios está trabajando y a quienes Dios quiere usar.

Es decir, adorar a Dios en medio de la asamblea es una ocasión en la que como familia todos podemos hablar, cantar, compartir, hacer nuestra contribución especial a la fiesta del Señor. Ninguna participación individual es más importante que el resto de la congregación. La presencia de Dios es para todo el pueblo que confiesa Su nombre. Sobre el propósito de la liturgia Hackett y Saliers (1990) han dicho lo siguiente:

...liturgia es una manera de poner las cosas en el orden correcto, orientándonos hacia los demás, y al orden creado de Dios. La liturgia auténtica participa en la obra creativa y redentora de Dios, trayendo orden en medio del caos, y sacando libertad de la esclavitud del pecado (p. 2).

Von Allmen (1967), un teólogo reformado holandés, propone tres dimensiones esenciales que definen lo que ocurre cuando nos reunimos para adorar a Dios. Sugiere que:

1. el culto es una recapitulación de la historia salvífica
2. el culto es la epifanía de la iglesia
3. el culto es fin y futuro del mundo

El Culto es una Recapitulación

Cada vez que nos reunimos para adorar al Señor leemos y reflexionamos sobre el texto bíblico, siempre buscando un mensaje nuevo, pertinente al pueblo congregado que se acerca a Dios para encontrar dirección y fortaleza. Esa reunión implica revivir los actos de Dios tanto en medio del antiguo Israel, como en la persona de Jesús de Nazaret, a fin de dar sentido a nuestra propia historia (2ª Corintios 5:17ss). Implica remontarnos al Calvario sin necesidad de repetir la crucifixión; un hecho pasado que se mantiene relevante continuamente, produciendo nuevas implicaciones para la vida cotidiana.

La pregunta que rige esta dimensión del culto es: "¿Qué ha hecho Dios en el pasado que debemos celebrar en el presente?" En esta dimensión o fase del culto se nutre la memoria del pueblo a fin de que pueda apreciar y admirar las obras maravillosas de Dios a su favor y beneficio. Nos hace un llamado a responder afirmativamente a lo que Dios en su misericordia ha hecho por nosotros (Josué 24; 2ª Corintios 5:17ss).

Por ejemplo, los caminantes de Emaús iban cabizbajos hablando derrota, hablando muerte y crucifixión, recordando el ministerio terrenal de Jesús sin poder apreciar toda la obra que había efectuado el Maestro. No es hasta que Jesús parte el pan delante de ellos, que los caminantes reconocen que todo este tiempo habían sido objeto de la compañía del Resucitado (Lucas 24:30-31). A lo largo de su caminata les acompañaba el Señor resucitado, sin que ellos pudieran percatarse de su presencia. La salvación había acontecido, pero ellos iban como si en realidad no hubiese acontecido.

De repente ocurren dos cosas: Primero, cuando Jesús les explicó las Escrituras, se les abrió el entendimiento (24:27). Segundo, cuando Jesús parte el pan con ellos, los caminantes de Emaús reconocieron a Su Señor (24:30). Luego, pudieron hacer memoria de cómo, mientras iban por el camino, sentían que su corazón ardía.

Al celebrar la cena del Señor, los congregados igualmente recuerdan las palabras de Jesús con un hondo sentido de agradecimiento, porque Dios nos ha hecho partícipes de su amor perdonador (Lucas 22:19; 1ª Corintios 11:24). Esta *"anamnesis"* o memorial es mucho más que un simple recordatorio de algo que aconteció ayer. La anamnesis es una apropiación del pasado, como un evento nuevo y presente en nuestra realidad. Como los caminantes de Emaús en la adoración, somos transformados cuando por la fe podemos identificar al Señor viviente en medio de la reunión de sus santos.

Vivimos en ésta, nuestra ciudad temporal, ocupándonos de nuestra salvación con temor y temblor (Filipenses 2:12), y al mismo tiempo conscientes de que nuestro Señor intercede por nosotros como *"leitourgos"*, como ministros en el santuario celestial (Hebreos 7:25).

Por consiguiente, la adoración debe ser una oportunidad para reflexionar detenidamente sobre los actos de Dios en el mundo, en nuestra vida personal, en nuestra comunidad, en nuestra iglesia local, para así poder cantar con profundo sentido de agradecimiento y asombro. Es la reclamación de la historia de salvación como algo que sigue teniendo nuevos significados, y nuevas implicaciones para el presente (De Jesús, p.7). Una "reactualización del pasado" (Von Allmen, p.33).

El Culto es Epifanía

Al hablar del culto como epifanía (o manifestación), Von Allmen apela al hecho de que en la asamblea que adora se puede observar la verdadera personalidad y razón de ser de la comunidad de fe (1ª. Pedro 2:14; 1ª Corintios 14:26; Hechos 2: 42-46). Un pueblo cuya razón de ser principal es su devoción a Dios, aquel Dios que le ha llevado de la esclavitud a la libertad (Josué 24; Juan 8:36; Gálatas 5:1; Romanos 8:1-17).

Hay una serie de tareas que la iglesia hace y que son muy similares a las tareas realizadas por otras entidades sociales: orientación en cuanto a servicios públicos, proyectos comunitarios en el área de la salud mental, educación popular socio-política, eventos culturales, servicios académicos remediales, y otras. Sin embargo, la vocación primaria de la iglesia es su culto a Dios: sus ritos, sus convocaciones, el oír y predicar el texto sagrado. Si deja esto, la iglesia se ha circunscrito a actuar en la sociedad como cualquier otra agencia de servicio humano, y ha abandonado su tarea de traer hombres y mujeres a una relación viviente con Jesucristo (Romanos 10: 14-15).

De igual forma, las agencias cívicas pueden ofrecer un sinnúmero de servicios para mejorar la calidad humana, ambiental, social, político-económica, y hacer avanzar el desarrollo cultural de la ciudadanía. De hecho, pueden llegar a emular el sentir de Cristo: dar de comer al hambriento, vestir al desnudo, visitar a los encarcelados, salir en defensa de los indefensos (Mateo 25:35-36), pero difícilmente podrán partir el pan o comunicar las buenas noticias del evangelio. Ello es obvio, porque ¡no son iglesias! Como comunidad del rey, adoptamos un estilo de vida que muchas veces nos pone en contraposición con el contexto circundante. Estamos en el mundo, pero no somos de este mundo (Juan 17).

Por ende, la pregunta que gobierna esta dimensión o fase del culto es, ¿qué hace Dios al presente en medio del mundo? Ninguna otra actividad distingue claramente a la iglesia como lo que es: la comunidad de los santos, un pueblo redimido (1ª Pedro 2:4; 1ª Corintios 14:26; Hechos 2:42-46). No somos meramente otra agencia de servicio público sino un pueblo que ha participado de libertad, sanidad y reconciliación, y todos los beneficios de la redención. ¡Ahora vive queriendo que otros gusten del mismo manjar!

El Culto es Fin y Futuro del Mundo

¿Qué es lo que Dios ha prometido para que viva anticipándolo?. Esta podría ser la pregunta rectora en esta dimensión.

En el acto del culto, la iglesia anuncia la plenitud del Reino de Dios (1ª Corintios 11:26). Es decir, el anhelo por el retorno de Jesús constituye el foco central de todo lo que se confiesa y se celebra. Hay en el ambiente de la reunión, por así decirlo, una nostalgia escatológica, una profunda esperanza de que el presente será conquistado por el futuro de Dios. Es algo así como lo que ocurre con las familias inmigrantes. Los padres provienen de otros países y recuerdan cómo era la vida en ese lugar, sus costumbres, su clima y sus alimentos. Aunque se ajusten a la nueva realidad donde les ha tocado vivir, piensan en ese país de origen con algo de tristeza, mezclado con la esperanza de poder volver algún día (Prewitt-Díaz, 1994).

Los hijos que nunca han estado allí absorben en muchos casos ese mismo sentimiento de que ese país es también su país, y desean llegarlo a conocer algún día. En su nostalgia escatológica, la iglesia añora poder estar frente a la nueva ciudad de Dios, como si hubiera estado allí anteriormente (Juan 14:1ss). Y es por eso, que no empece a las circunstancias más complejas, el santuario resuena con un mensaje de fe y posibilidad para los congregantes, porque está enraizado en la certidumbre de que el Señor vendrá otra vez a su pueblo.

Se ha dicho que la iglesia primitiva comenzó a celebrar su culto dominical como anticipación de su Señor (Díez, p.24). La antigua oración de la iglesia, maranatha, o "ven, Señor Jesús" (1ª. Corintios 16:22), no sólo apunta a un evento al final de la historia, sino que al mismo tiempo enfatiza la presencia real de Cristo cada vez que su pueblo se encuentra reunido (Mateo 18:20). Aunque resulta un poco difícil llegar a una decisión final sobre el término, se ha dicho que el mismo comprende tanto "el juicio final inminente como la intervención presente del Kyrios (Señor) que juzga al pecador" (Díez, p.24).

Particularmente en los centros urbanos presenciamos actos de violencia, situaciones deshumanizantes, comportamientos destructivos, gente desesperada tratando de encontrar una vida más plena y justa. Sin embargo, en medio de ese panorama, la iglesia señala el propósito de Dios para la humanidad (Efesios 1:1), dándole a los oyentes palabras de aliento y modelando en su vida congregacional una atmósfera de fraternidad y unidad cristiana. El culto sirve de antesala a la vida nueva que ha de venir con el establecimiento final del Reino de Dios (2ª Pedro 3:7-13).

¿Hasta qué punto por querer ser altamente relevantes frente a las situaciones reales que afectan a la gente, nos cohibimos de realzar lo trascendental, la esperanza de la vida eterna? ¿Cómo hemos tratado el tema de la venida de Cristo, el Reino de Dios, especialmente en la adoración? ¿Es este un tiempo para amenazar, para enajenar, para coartar a la gente? No. Será más bien un tiempo estupendo para recordarle a la feligresía que somos gente de la Resurrección, somos el pueblo de la esperanza.

Como vemos, la experiencia de la adoración cristiana nos lleva al pasado para que renovemos nuestra identidad como pueblo de Dios; nos conecta con el presente llamándonos a asumir las consecuencias y obligaciones de la nueva vida hallada en Cristo, y nos lanza al terreno público con una profunda anticipación del futuro de Dios. En esa trilogía del culto a Dios: recapitulación, epifanía y futuro, exaltamos la fidelidad de Dios a través de la historia.

Le adoramos porque desde la fundación del mundo ha pensado en ti y en mí. Le adoramos porque a diario podemos ver señales inconfundibles de su intervención en medio de nuestras luchas y faenas. Le adoramos porque ha prometido guardarnos hasta el fin (Mateo 20:20). Como Moisés, nos sostenemos como viendo al Invisible (Hebreos 11:27).

Preguntas para la Reflexión

1] ¿Qué nos enseña este capítulo?

2] ¿Cuál es tu entendimiento de liturgia y adoración?

3] Si liturgia es la obra del pueblo, ¿cómo podemos asegurar que cada celebración del culto refleja las vivencias de la iglesia local?

4] ¿De qué manera la celebración del culto es una experiencia restauradora?

5] ¿Qué implicaciones tiene cada una de las dimensiones del culto cristiano enfatizadas por Von Allmen: recapitulación de la historia de salvación, epifanía de la iglesia, fin y futuro del mundo?

¡ENTRE EL PASADO Y EL FUTURO!
Capítulo 2

"Por tanto, nosotros también, teniendo en derredor nuestro tan grande nube de testigos, despojémonos de todo peso y del pecado que nos asedia, y corramos con paciencia la carrera que tenemos por delante, puestos los ojos en Jesús, el autor y consumador de la fe..." (Hebreos 12: 1 Reina Valera 1995).

"...edificados sobre el fundamento de los apóstoles y profetas, siendo la principal piedra del ángulo Jesucristo mismo. En Él todo el edificio, bien coordinado, va creciendo para ser un templo santo en el Señor..." (Efesios 2:20-21 Reina Valera, 1995)

No podemos desvincularnos por completo de los siglos pasados del cristianismo, sin caer en el error de presentarnos ante el público como que el evangelio comenzó con nosotros mismos. Hay todo un bastión de líderes que nos han precedido en el camino del evangelio y que han hecho su contribución a la teología, la erudición bíblica y a la formulación de doctrinas. Además, el testimonio de los primeros cristianos permanece delante de nosotros como recordatorio de que la fe que hemos recibido ha costado sacrificio y martirio.

Consideremos la adoración a la luz de documentos históricos que ofrecen evidencia sobre las costumbres más antiguas de la iglesia cristiana. Por una parte, las escrituras contienen imágenes, instrucciones y testimonios referentes a las primeras asambleas de creyentes que sirven de correctivo para la iglesia de hoy.

Por otra parte, para poder conocer más sobre la manera como la iglesia primitiva celebraba su culto a Dios, necesariamente tenemos que recurrir a otros documentos extrabíblicos que proveen información valiosísima para la comunidad cristiana contemporánea. Finalmente, la intención es que podamos examinar nuestras propias convicciones tocantes a la adoración. Si hemos de renovar el culto de la iglesia, debemos echar una mirada atrás, es decir, a las vivencias y nociones de nuestros antepasados espirituales. Aquella gran nube de testigos que nos ha precedido en la senda del evangelio (Hebreos 12:1a).

De ahí que, al estudiar varios documentos importantes desarrollados por la iglesia primitiva, nos conectamos con el pasado, y podemos derivar nuevas directrices para el futuro. En otras palabras, reconocemos que somos sencillamente un eslabón en la gran cadena de testigos del reino que seguiremos pasando a generaciones venideras, la perla de gran precio. Aparte del testimonio de la Biblia, hacemos bien en tomar en cuenta costumbres de la iglesia, nacidas de la experiencia y de la interacción con su medio ambiente.

Por supuesto, la Biblia ocupa el lugar de mayor autoridad, pero la Biblia misma, como la conocemos hoy día, es posterior a la Iglesia; es el producto de un proceso de desarrollo que entró en la historia de la Iglesia (Van Olst, 1991, p. 83). Claro, esto en nada debe disminuir nuestra convicción de que la Biblia es inspirada por Dios. Más bien demuestra que a medida que la Iglesia Cristiana, al seguir la dirección del Espíritu de Dios, fue madurando en su habilidad para comunicar a Cristo, documentando su fe y su vivencia mediante la palabra escrita.

La palabra de Dios, expresada por medio de la palabra humana, dirige posteriormente la manera como la comunidad cristiana celebra su culto. Al relacionarse con sus contornos, la iglesia desarrolla hábitos, celebraciones, estructuras, y prácticas en el culto a su Señor que constituyen gran parte de la riqueza y la sabiduría que como creyentes podemos reclamar con orgullo.

Frente a la obra de entusiasmo que palpamos, particularmente entre el pueblo hispano evangélico, en cuanto a la adoración se refiere, podemos ser de grande ayuda al pueblo de Dios si nos ocupamos de fundamentar adecuadamente el ministerio de esa adoración.

Contamos con documentos históricos que nos dan algunas ideas de la práctica litúrgica de los primeros tres siglos, que pueden informar nuestra experiencia de adoración contemporánea. Para algunos expertos en la historia de la adoración cristiana, muchos de esos documentos revelan fielmente el patrón utilizado por la iglesia en sus asambleas. Otros no están convencidos de que algún documento pudiera ser plenamente confiable como para declararlo normativo para los cristianos de hoy.

Uno de estos críticos fuertes es Bradshaw (1992), quien alega que todos los documentos previos al siglo octavo son trozos que en su mayoría consisten de sermones, instrucciones de ritos, y que no son sino "una serie de puntos grandes y pequeños sobre un pedazo de papel. Los historiadores de la liturgia han tenido que buscar maneras para crear un cuadro posible de lo que comprendía el culto cristiano antiguo." (p.56).

Sin minimizar su valor para toda persona interesada en el desarrollo del culto de la iglesia, Bradshaw propone una serie de principios que deben servir para regir todo estudio responsable de la liturgia (pp.63-77). En síntesis, nos advierte que ningún documento del pasado puede ser interpretado de una manera legalista. Se requiere tener en cuenta factores históricos, arqueológicos y otros (p.79). Aun así insiste en que,

> *"Aunque no podemos aprender todo lo que quisiéramos saber del culto primitivo de la Iglesia, no es totalmente imposible decir, aunque sea en forma provisional, bastante acerca de cómo comenzó el culto y se desarrolló en los primeros siglos de la tradición cristiana".* *(p.79).*

Raíces del Culto Cristiano

Con estas salvedades, ahora pasemos a considerar tres de los documentos más importantes que nos permiten apreciar parte del legado de la iglesia antigua de los primeros tres siglos, a la iglesia de todos los tiempos.

El Didajé

El documento más antiguo de la iglesia cristiana se conoce como el Didajé o las "Enseñanzas de los Apóstoles". Seguramente producido durante los años 50 al 150 a.c., este es un manual de instrucciones para la Cena del Señor, el bautismo y el Orden de la Iglesia. Entre otras cosas este documento antiguo llama a la iglesia a partir el pan y dar gracias durante todo Día del Señor. En el mismo encontramos una fuerte conexión entre la fe cristiana y sus raíces judías, mediante el uso de oraciones que siguen la costumbre de la adoración del templo y la sinagoga.

La Apología de Justino Mártir

En este documento de mediados del siglo segundo, hallamos una descripción completa del culto cristiano en su forma más antigua. Haciendo referencia a Malaquías 1:11, al igual que el Didajé, usa un lenguaje sacrificial para hablar de la Cena del Señor (Davies, 1986; Bradshaw 1996).

Según este documento, semanalmente el culto mayor consistía de los siguientes elementos: [1] Lectura de la Escritura, [2] Un Sermón por el Presidente, [3] Intercesiones, [4] El Beso de la Paz, [5] Oración de Acción de Gracias sobre el Pan y el Vino, [6] Partimiento del Pan, [7] Recolección de una Ofrenda para los Necesitados.

La Tradición Apostólica

Mencionamos anteriormente que fue Hipólito, quién en el siglo tercero, dejó ver mediante sus escritos (la tradición apostólica de Hipólito, Webber, 1994), el uso del "Sursum Corda" o "Eleven Sus Corazones", que es el saludo o prefacio con el que hasta el día de hoy se inicia la Santa Comunión en distintas denominaciones:

Celebrante:	Eleven Sus Corazones
Pueblo:	**Los elevamos al Señor**
Celebrante:	Demos gracias al Señor nuestro Dios.
Pueblo:	**Es digno y justo darle gracias y alabarle**

Este documento presenta un orden de culto que incluye: un diálogo introductorio, una oración de acción de gracias, las palabras de Jesús en la Última Cena, una declaración de por qué se parte el pan y se toma de la copa (*anamnesis*), una invocación del Espíritu Santo (*epíclesis*), para que descienda sobre los elementos del pan y el vino, y finalmente, una alabanza a la Trinidad (*doxología*).

El culto cristiano, como lo conocemos hoy, tiene sus raíces en el culto de la sinagoga, que era esencialmente un culto de la palabra (*synaxis*). Conforme los primeros cristianos se van separando del judaísmo, la nueva religión cristiana va tomando forma, se encuentra celebrando el partimiento del pan (eucaristía en las casas, y la experiencia de Jesús y los Discípulos en el Aposento Alto poco a poco se convierte en la celebración central de la iglesia cristiana (Hechos 2:42ss)[1]

Con el tiempo, el culto cristiano pasaría a ser un culto de palabra y mesa (*synaxis* y *eucaristía*), claramente establecido para

---

[1] El himnario Mil Voces para Celebrar (1996) ofrece una introducción básica sobre este aspecto (p.3).

el siglo segundo. En la celebración de la synaxis hay un orden básico, que consiste de oraciones, lecturas de las memorias de los apóstoles, el evangelio (150 a.c.). Luego, ese mismo orden básico incluirá tres lecturas: el antiguo testamento, las epístolas y el evangelio (o el gradual). La celebración de la eucaristía (1ª Corintios 10), consistirá de varios elementos previos a la fracción del pan (Van Olst, 1991).

Así que, en conclusión, desde muy temprano (siglos primero al tercero) la iglesia apostólica lleva a cabo un culto compuesto por dos partes: **La Proclamación de la Palabra,** (como dijéramos anteriormente, que es culto de los cristianos en formación) y la **Cena del Señor** (el culto de los cristianos propiamente incorporados a la iglesia mediante el bautismo).

Para el siglo tercero tenemos que éstos, y otros escritos por líderes prominentes de la Iglesia, revelan el culto dominical cristiano que hoy se conoce en algunos círculos como "la forma de la liturgia":

LA FORMA DE LA LITURGIA

El ministerio de la palabra

- Lecturas de La Ley, los Profetas, Hechos, los Evangelios, Cartas de Obispos
- Salmos cantados entre las lecturas
- Aleluyas
- Sermón o Sermones
- Letanía para Catecúmenos (nuevos convertidos en preparación y penitentes)
- Despedida de los Fieles

El ministerio del Aposento Alto

- Letanía por los fieles, con una lista de los vivos y los muertos
- El Beso de la Paz
- El Ofertorio: toma de ofrendas
- La Presentación del Pan y el Vino
- Preparación de los elementos con la adición de agua al vino
- El Sursum Corda
- Oración de Consagración
- Prefacio: acción de gracias y adoración a Dios por su creación y santidad, etc.
- El Sanctus (Isaías 6:3; Apocalipsis 4:8) mencionado en carta por el Obispo Clemente a los corintios en el 96 a.C.
- Acción de gracias por la redención
- Anamnésis (memorial)
- Epíclesis (invocación del Espíritu Santo)
- Intercesión por los vivos y los muertos
- El Padre Nuestro
- Partimiento del Pan
- Comunión
- Recitación de los salmos 43 y 34
- Oración de Acción de Gracias después de la comunión
- Letanía de los diáconos y una breve intercesión por el celebrante
- Preservación del pan, para los ausentes y/o enfermos
- Despedida

Desde muy temprano, en la iglesia cristiana se dan las siguientes dinámicas. Primero, según Dix podemos encontrar un **ordo** o una "forma básica para el culto". Esa forma básica involucra la palabra y la celebración constante de la Cena del Señor. Inicialmente la Cena del Señor incluía una fiesta de amor o "ágape" (1ª Corintios 11:1-34; 16:2; 10: 16-17, 21). Algunas iglesias locales siguieron teniendo esta cena de compañerismo cuando otra gran cantidad de congregaciones dejaron de tenerla. Con el tiempo desapareció completamente (Bradshaw, Ibid).

Segundo, la opinión de Lathrop, (Holy Things, 1993), es que la vida de la asamblea giraba en torno de tres cosas: una **palabra**, un **lavado**, y una **comida**. La Cena del Señor es la base de toda la reunión dominical. El culto cristiano es el resultado de la sinagoga y el aposento alto (Lucas 4:16; Mateo 26:29) (*Didajé o la Enseñanza de los Apóstoles*). (*The Didache or the Leading of the Apostle*, 1982).

Los evangélicos particularmente insistimos en que la Biblia debe ser la base de autoridad sobre la cual se cimenta nuestra fe y práctica. Es así cuando miramos el testimonio de la iglesia primitiva en el libro de los Hechos. No obstante, algo que a menudo ignoramos es que esa iglesia primitiva sigue su trayectoria más allá de las páginas del nuevo testamento. Para el siglo cuarto podemos encontrar una iglesia que ha ido formalizando mucho de su experiencia cultual y preocupada con un "orden litúrgico".

De la misma manera que la iglesia es receptiva a los "carismas del Espíritu" (Esquilín, 1995. págs. 171-182), también podemos encontrar que en los primeros trescientos años, ésta exhibe una devoción al símbolo, al ritual y a la celebración de "fiestas cristianas".

Ciertamente, al estudiar el libro de los Hechos en particular, observamos que la iglesia celebra las obras maravillosas de Dios con alegría y una convicción inalterable en el poder de Dios. Pero esa misma iglesia cristiana dio importancia a un orden por el cual los santos pudiesen rendir al Señor una fiesta con libertad y sustancia (Hechos 2: 41-47; 1ª Corintios 10, 11; 16:1).

Quienes desean hacer un estudio honesto de la historia de la iglesia, queriendo estar más cerca del culto apostólico y primitivo, descubrirán que lamentablemente es muy poca la información que podemos derivar del Nuevo Testamento en cuanto al orden de culto de la iglesia primitiva.

Dependemos necesariamente de fuentes extra-bíblicas para poder descifrar mucho de lo que la iglesia hacía en sus reuniones de adoración. Quizás esto resulta un tanto irrelevante para algunos lectores, ya que puede traer memorias de alguna relación pasada con iglesias formales donde tal vez las experiencias no fueron muy positivas. Otras personas pueden sentirse muy a gusto con el estilo o forma de adoración de su iglesia y no ven la necesidad de redescubrir el pasado litúrgico de la iglesia.

No obstante, en mis años de experiencia pastoral he conversado con personas que anhelan entender por qué otros grupos cristianos usan una variedad de recursos visuales y una estructura litúrgica más formal, sin perder el entusiasmo y su pasión por estar en la casa de Dios. Leemos de otros cristianos que anteriormente se resistían a todo formalismo en sus celebraciones, y que ahora están redescubriendo un sentido de conexión con el pasado, y un significado más profundo en la adoración por medio del uso de una estructura añejada por el tiempo.

Se sabe de un grupo de hermanos y hermanas evangélicos cuyo interés por la adoración los llevó a estudiar los primeros siglos de historia de la iglesia (Gillquist, 1989). Por un tiempo se valieron de un reduccionismo bíblico y teológico para compartir la fe en los campos universitarios estadounidenses. Dondequiera se presentaba la oportunidad, compartían con otros jóvenes las cuatro leyes espirituales.

Esto los sostuvo durante los primeros años de su formación cristiana. Cuando finalmente se abrieron a nueva formación, se dieron a la tarea de estudiar, entre otras cosas, la liturgia cristiana. Su investigación los llevó a unirse a otras comunidades cristianas donde se le daba mucha importancia a prácticas antiguas.

Otro ejemplo bien específico es el de la Iglesia Episcopal Carismática que se organizó con personas de diferentes grupos pentecostales, carismáticos, bautistas y wesleyanos, que por una parte deseaban encontrar una atmósfera de libertad para expresar su fervor espiritual, y al mismo tiempo participar de una rica experiencia cultual enraizada en la herencia apostólica. En uno de sus folletos descriptivos dicha denominación confiesa:

La Iglesia Episcopal Carismática se encuentra a sí misma ubicada por Dios en una posición única. Creemos que Dios nos ha establecido para ser un puente entre las iglesias históricas con su rica tradición de una liturgia significativa, teología sana, y ministerio apostólico y el movimiento carismático de nuestra propia generación con su apertura a los dones y ministerio del Espíritu Santo, espontaneidad en la adoración y disposición para caminar hacia delante con el Señor. (Declaración del Primer Sínodo, 26 de junio. 1992).[2]

Como hemos visto, las comunidades cristianas de los primeros tres siglos sentaron las bases iniciales para la celebración dominical, mediante una estructura que une la palabra y la mesa del Señor. Lejos está de mí insistir en que una iglesia abandone su herencia denominacional para conformarse a las costumbres de otras denominaciones.

Bien lo ha demostrado Justo L. González en su libro *¡Alabadle!* (1996). Esta compilación de ensayos por diferentes autores hispanos despliega la riqueza y variedad cultural que se halla en la iglesia hispana. Lo que nos recuerda que la tradición litúrgica del pasado, aun cuando llena de belleza y esplendor, no es el único criterio para una celebración saludable. Otros

---

[2] Para más información entre al siguiente portal: http://www.iccec.org/

criterios son indispensables para una adoración responsable: la cultura y el idioma del pueblo que adora, las realidades socio-económicas que afectan a ese pueblo, y la formación teológica y doctrinal de la comunidad de los creyentes.

Me parece necesario que tomemos la elaboración del culto con la misma seriedad que vemos la actitud que los congregantes deberán traer al lugar de adoración. Estoy de acuerdo con Dareno (1992), cuando advierte que los conceptos liturgia y adoración se han limitado a identificarse con la manera particular en que algunas confesiones cristianas celebran su culto.

La aparición de Jesús resucitado mientras dos discípulos conversan en el camino sobre la muerte de su maestro, termina en un diálogo que primero consiste de una explicación de las sagradas escrituras (Lucas 24:13-35), y termina con el partimiento del pan. En la ciudad de Troas, Pablo hace historia con su famoso sermón largo que casi le causa la muerte a uno de sus congregantes. Vemos que ahí también la palabra es acompañada por el partimiento del pan (Hechos 20:7-12).

Movimientos en el Culto Cristiano

¿Cómo nos preparamos para la fiesta del Señor? No cabe duda de que lo más esencial en la adoración es la actitud del corazón (Salmo 42:4; Juan 4:24; Romanos 1:3). Sin embargo, de la misma iglesia antigua aprendemos la disciplina de estructurar nuestra adoración a Dios mediante el uso de pautas, o un orden para guiar a la comunidad cristiana en su fiesta espiritual. Por más sencillo e informal que sea, en toda iglesia hay una estructura que sirve de guía para todos. Y en una medida u otra, en cada culto se dan estos cuatro pasos. A veces bien marcados, a veces no.

Los cuatro movimientos son: **Entrada**, **Palabra**, **Respuesta**, **Salida** (Webber, *Sings of Wonder*, 1992. págs. 32-42). ¿Qué significan estos cuatro movimientos? La tabla 1 nos ayuda a comprender lo que encierra cada uno de estos movimientos en términos de su propósito y posibles elementos (Webber, 1994).

TABLA 1 - MOVIMIENTOS DEL CULTO		
MOVIMIENTO	**PROPÓSITO**	**POSIBLES ELEMENTOS**
Entrada	Percatarse de la presencia de Dios	Cánticos de alabanza a Dios, confesión, oraciones iniciales
Palabra	Oír a Dios hablando a Su pueblo	Lectura de las Escrituras, sermón, reflexiones
Respuesta	Rededicar nuestra vida a Dios	Ofertorio, Santa Cena, oraciones pastorales, ministración por necesidades
Salida	Salimos para servir la humanidad y vivir el evangelio	Cánticos de clausura, bendición pastoral, saludo de paz.

Entrada

En este primer movimiento invitamos a la gente a afirmar la presencia de Dios y ponerse en la actitud apropiada para la celebración de la fiesta a la cual Dios mismo nos invita. Mediante algunos versos de la Biblia, algún preludio o cántico especial, unas palabras informales, una oración o letanía, marcamos el inicio del culto por medio de un esfuerzo enfático en que todos se preparen para dar lo mejor al Señor.

El Salmo 100 recoge el estado de ánimo que debe permear la atmósfera del momento:

Cantad alegres a Dios, habitantes de toda la tierra. Servid a Jehová con alegría; venid ante su presencia con regocijo. Reconoced que Jehová es Dios; él nos hizo y no nosotros a nosotros mismos; pueblo suyo somos y ovejas de su prado.

Entrad por sus puertas con acción de gracias, por sus atrios con alabanza.

¡Alabadlo, bendecid su nombre! Porque Jehová es bueno; para siempre es su misericordia, y su fidelidad por todas las generaciones.

Conozco por experiencia personal la frustración que como músico sufre uno cuando han pasado varias medidas en el pentagrama, y aún el pueblo sigue distraído o conversando. Uno se pregunta si alguien prestó atención a la música que se estaba interpretando. Obviamente, el centro del momento no ha de ser uno mismo sino el mismo Señor de la iglesia. Sin embargo, es indispensable que recordemos que el motivo de la celebración es dar honra a Aquel que nos hizo pueblo mediante Jesucristo.

En algunas comuniones cristianas se empieza con un tiempo de oración en el altar. Otras iglesias prefieren iniciar con una oración de apertura. Sea como fuere, este es el momento para aquietar el espíritu en medio del bullicio que se da a nuestro alrededor, y mientras, afrontamos las peores tormentas del quehacer diario.

Palabra

El segundo movimiento del culto es donde "oímos a Dios hablar." Quizá recuerdas cómo, en ocasiones, la misma lectura de la Biblia ha resultado en suficiente mensaje, sin la necesidad de un sermón largo.

La imagen de una asamblea reunida para oír la lectura de la palabra de Dios siempre me lleva a pensar en el libro de Nehemías 8. ¡Qué fascinante tuvo que haber sido que toda la comunidad de Israel dedicara mediodía a la lectura de la ley de Dios! Dice que todos estaban "atentos al libro de la ley" (v.3).

El pueblo evangélico suele decir que es el pueblo del libro de Dios. Y así, vamos Biblia en mano a la iglesia. No obstante, hay que reconocer que en algunos círculos cristianos enfatizamos la explicación rigurosa del texto bíblico (lo cual es indispensable), pero al mismo tiempo minimizamos la práctica de la lectura misma de las Escrituras. Siempre he admirado a las congregaciones que se ocupan de formar un cuadro de lectores que se dediquen al arte y el ministerio de leer con propiedad la palabra de Dios, sin descuidar el trabajo arduo de hacer un estudio concienzudo del texto.

Sin pecar de arrogantes, es importante que la actividad de leer las Escrituras en medio de la asamblea reunida consista, hasta donde sea posible, del ensayo, la buena dicción, y la convicción en lo que se lee. Se trata nada menos de una "recapitulación" de nuestra salvación. ¿Cómo no vamos a prestar nuestro talento a una lectura que nos sitúe al máximo dentro de la historia que repasamos? Como dice un texto favorito: *"Así que la fe es por el oír, y el oír, por la palabra de Dios"* (Romanos 10:14-17).

Durante y después de la lectura de la palabra de Dios, el sacerdote Esdras fue testigo de cómo este encuentro con la palabra afectó a todos los congregados. Seguido de unos comentarios en torno a la lectura, en medio de la gente hubo expresiones efusivas, gestos de humillación, llanto y compungimiento, y finalmente un llamado, no a entristecerse, sino a celebrar con júbilo el propósito de ocasión: *"No os entristezcáis, porque el gozo de Jehová es vuestra fuerza"* (Nehemías 8:10).

Respuesta

Aquí es cuando tenemos la oportunidad para contestar la palabra que han recibido en la lectura y en la proclamación. Una de varias cosas se hace en respuesta a la palabra, de acuerdo con la costumbre de cada una de nuestras congregaciones: un llamado al altar, una oración, una alabanza, la Cena del Señor, oración por los enfermos, una selección musical especial.

Me parece que frecuentemente vemos un culto que se mantiene desvinculado de las realidades humanas que nos rodean. Las palabras que oímos, los cánticos que elevamos, todo debe motivarnos a mejorar nuestra manera de vivir la fe.

En algunas comunidades, el pueblo adorante participa de una oración de confesión colectiva que le ayuda a hacer una conexión eficaz con sus entornos; el culto se convierte en una verdadera experiencia de contextualización y de compromiso con la transformación social y espiritual del vecindario.

Salida

Mucho más que la conclusión de un programa, y la despedida oficial de la concurrencia, la salida dentro de la liturgia cristiana es un tiempo tan importante como cualquier otro momento de la celebración. No obstante, en este movimiento del culto se nos invita a renovar nuestra vocación como comunidad evangélica y misionera en el vecindario donde somos residentes y más allá. La salida es un llamado a servir y proclamar la buena noticia de

Cristo y su amor con la convicción de que en medio de nuestras faenas y labores diarias podemos contar con la compañía fiel e incomparable del Cristo Resucitado (Mateo 18:20; 28:20b). Las dimensiones que encontramos en la liturgia de la iglesia antigua no tienen que ser un impedimento para que haya libertad, alegría o espontaneidad en la adoración congregacional. Por el contrario, pueden servir de base segura para estructurar una experiencia cultual que reúna todos los elementos necesarios para una nutrición completa en la vida de los santos.

Y así, podemos concluir que el culto cristiano bíblico, teológicamente e históricamente consiste de una experiencia colectiva, en la que bajo el sonido y la autoridad de la palabra de Dios, leída, predicada, cantada y escuchada, repasamos nuestra historia como pueblo redimido y nos renovamos para seguir nuestra tarea misional en el mundo.

Ya sea que nuestra iglesia sea sencilla, o sea una iglesia grande con un ministerio de música especializado; ya sea que nuestra iglesia se reúna en una catedral antigua o en un gimnasio, el elemento que debe destacarse es el gozo que nos trae a ese momento sagrado. Gozo porque Dios le ha dado sentido y orden a nuestra existencia. Gozo porque Dios se burla de la injusticia (Salmo 37:13; 2ª Pedro 3: 7; 13). Gozo porque Satanás no puede decir la última palabra sobre nosotros (Apocalipsis 20:10; 21:4). En Dios somos nueva creación; co-herederos con Cristo, embajadores del reino, agentes de reconciliación, instrumentos del Espíritu de vida (Romanos 8: 9-15; 2ª Corintios 5: 17-20). ¡Para Dios somos importantes!

Preguntas para la Reflexión

1] ¿Qué nos enseña este capítulo?

2] ¿En qué consiste el "orden de culto" de tu iglesia local?

3] ¿Qué elementos de la experiencia de adoración te llaman más la atención? ¿Por qué?

4] ¿Cuál debe ser la relación de la iglesia de hoy con la iglesia de los primeros tres o cuatro siglos?

¡EN LA PRESENCIA DE DIOS!

Capítulo 3

"Cantad con gozo a Dios, fortaleza nuestra; Al Dios de Jacob aclamad con júbilo.

Entonad canción, y tañed el pandero, El arpa deliciosa y el salterio

Tocad trompeta en la nueva luna, En el día señalado, en el día de nuestra fiesta solemne".

Salmo 81: 1-3

𝓗ace varios años se me pidió que preparara una experiencia de adoración a tono con la realidad de la Iglesia Hispana en los Estados Unidos. Una delegación de pastores, ejecutivos denominacionales y líderes congregacionales se habían reunido en la ciudad de Lancaster, Pennsylvania donde servía de pastor.

Mientras me concentraba en la configuración del orden y el contenido del culto Latino, me hacía las siguientes preguntas: ¿Podemos acaso determinar lo que caracteriza la personalidad del culto hispano/latino? ¿Qué elementos distinguen la experiencia de ese pueblo que en sí mismo es sumamente diverso y multifacético?

Seleccioné los himnos y coros, las lecturas bíblicas y la estructura litúrgica para la ocasión, por una parte satisfecho de que tenía algo para ofrecer, pero por otra parte con la incertidumbre de si algo sería una contestación a mis preguntas.

Llegué al templo con mis boletines impresos en mano. Recibí a la delegación y di inicio al culto. Ocupé mi lugar en el piano, ansioso porque la experiencia fuera verdaderamente un momento que comunicara, sobre todo, el mensaje del evangelio, y al mismo tiempo el pulso latino.

49

Las personas que componían la delegación provenían de una gran diversidad de lugares y de distintos trasfondos culturales. No obstante, a medida que progresaba el culto observaba cómo usaban sus manos, y hacían otros movimientos corpóreos al son de la música.

Por cierto, mucho de lo que cantamos era en español. Aun así, había en sus rostros alegría. Ciertamente fue un momento *"kairós"*, un tiempo oportuno de parte de Dios, que hizo posible que desapareciera por un momento toda barrera cultural, social y teológica. Posteriormente, una de las personas que vivió aquel momento testificó que la experiencia fue unificadora, liberadora y afirmadora.

Fue entonces cuando pude entender más profundamente lo que han dicho muchos, que el elemento central que constituye la adoración en la iglesia hispana/latina es el elemento de ¡fiesta! Esto incluye los signos de exclamación, ya que fiesta en el ámbito del culto cristiano, en la comunidad hispana/latina, es un grito de gozo, de celebración y de esperanza. Es mucho más que un evento social comunitario. Va más allá de una reunión organizada simplemente con el motivo de comer y beber (Romanos 14:17). ¡Fiesta en el sabor hispano/latino, es un momento sagrado en el que proclamamos fe en el futuro de Dios! (Bañuelas, p. 77).

Por eso, cuando las personas latinas hablamos de ir a la casa de Dios, vamos anticipando un banquete espiritual, una fiesta en la cual sentimos la presencia de Dios que nos capacita para proclamar que la "vida es lucha, pero con victoria". (Ibid). Es una nueva oportunidad para proclamar, dramatizar, recordar y celebrar la historia del amor redentor de Dios. De Jesús (1989), nos recuerda que cuando la adoración es una celebración, "todo el mundo está involucrado, e impera el gozo junto al arrepentimiento" (p. 5).

El Salmo 81 encabeza este capítulo porque precisamente apunta a la fiesta que toma lugar en la casa de Dios (Guthrie, 1966, p.26). Esta es una oración que responde a la fiesta de los Tabernáculos, o fiesta de la siega. El pueblo se ha congregado para alabar pero es a su vez instado a reconocer que fue Dios "quien los sacó de la servidumbre y los alimentó en el desierto" (Dahood, The Anchor Bible, Vol. 17, p. 263). Su existencia tiene sentido y propósito precisamente porque Dios intervino para rescatarlos y bendecirlos con la libertad. Este es un festival de recordación.

Esta fiesta se realizaba aproximadamente durante nuestro mes de octubre, durante la cosecha de frutas y olivas. (Webber, 1993, p. 189). El pueblo se disponía a vivir en humildes chozas, para conmemorar el tiempo que sus antepasados habían pasado en el desierto (Nehemías 8: 14-18; Levítico 23: 39; Deuteronomio 16: 13; Éxodo 23:16; Levítico 23: 33-36; Números 29: 12-38; Deuteronomio 16: 13-15).

El Salmo 81 es una invitación a la alabanza que contrasta con el recuerdo o la recapitulación de cómo Dios ha sido fiel y pertinente a sus necesidades, a pesar de las fuerzas históricas que han amenazado con destruirlos (Guthrie, p. 29). Dios quiere que su pueblo recuerde lo que ha presenciado, a fin de que no descuide su relación de pacto con El (vv.8-16). ¡Qué dichosos somos al saber que Dios nos tiene siempre presentes en su memoria!.

Fuimos creados para tener una relación con Dios y con los demás. Y en esa relación descubrimos que Dios se acuerda de nosotros, nos escucha y hace posible el que podamos llegar a ser miembros de comunidades donde se expresa la gracia de Dios. Su gracia se manifiesta en la posibilidad de cuidarnos los unos a los otros. Más aún, su gracia nos alcanza como resultado de la memoria que Dios tiene de cada uno de nosotros (Patton, 1993, p. 6).

En nuestras fiestas populares se palpa claramente una celebración de la vida. Es un negarse a sucumbir ante los sinsabores que se nos presentan. Por eso podemos aceptar la invitación de un Dios lleno de gracia y bondad con la completa certeza de que nos recibe con nuestra historia y nuestras luchas. Al acercarnos a Su Presencia le ofrendamos todo lo que somos como individuos, pero también como pueblo. Somos un pueblo cristiano con una rica herencia cultural. Por eso, al acercarnos a Dios venimos como un pueblo hispano, pueblo mestizo, pueblo en marcha, y como pueblo nuevo.

Adoración en el Contexto Latino

La liturgia es la obra del pueblo. Y para que la liturgia sea un reflejo de lo que vive y piensa ese pueblo, debe nacer de dentro del alma de ese pueblo. Un gran desafío para músicos, pastores y pastoras, y personas enfrascadas en el estudio y práctica de la adoración dentro del marco de la iglesia hispana, es precisamente conocer y dar a conocer las características que mejor revelan quiénes somos y cómo es que nos acercamos al Dios viviente.

Cualquiera que ha adorado en la Iglesia Latina sabe que la congregación latina es tanto una iglesia multiracial como multicultural. Los latinos por definición son un mestizaje de sangre europea, africana y nativo americana...

Nuestra música refleja diferentes influencias unidas en un solo propósito, adorar a Dios. Lo mismo encontramos merengue, samba, bosa nova, salsa, bolero, guaguancó, reggae, rancheras, ritmos afro-caribeños, danzas, seis chorreao, como música de Beethoven, Mozart, Fanny Crosby y otras composiciones del avivamiento de principios de siglo que han sido traducidas. (Cotto, UCC National Urban Network News, Spring, vol. 1 issue 1, p. 11).

¡Cómo me fascinaba ver el rostro de mis hijos, cada vez que proponíamos un ritmo latino para los himnos y cánticos del culto dominical! En un solo culto habíamos llegado a interpretar música en ritmo de merengue, bolero, salsa, son cubano y cumbia. Nunca llegó a ser un escándalo para la iglesia local ya que esto no había sido el resultado de un capricho personal del momento. Por muchos años, estuvimos experimentando en la adoración, a veces a pasos lentos, y a veces haciendo cambios abruptos que la congregación aceptó paciente y amorosamente.

Todo comenzó con unas alteraciones simples sobre algunos de los cánticos que la congregación estaba acostumbrada a cantar, especialmente durante la ofrenda. El conocido cántico:

Dale la ofrenda al Señor, dásela de corazón que cuando al cielo tú vayas, él te dará el galardón. Que no te quede dolor, cuando hayas ofrendado, Dios bendice al dador alegre, le da doble a lo que ha dado. Dios bendice al dador alegre, le da doble a lo que ha dado.

Quizá la teología del cántico no suene pulida ni aceptable para algunos, pero lo cierto es que es una letra sencilla, franca y que encuentra base bíblica. En tonos menores, con las cadencias que suenan muy familiar al oído caribeño.

Al principio tocaba el cántico pasivamente, hasta que un día traté de incorporar el ritmo de "seis" puertorriqueño con un sabor a "nueva trova", interpretado al piano. Sólo pude ver a una persona mirando sobre sus lentes bifocales, en señal de asombro. Nunca me dijo nada, pero comprendí que ese día la iglesia daba inicio a una larga jornada de redescubrimiento cultural.

El Redentor siempre ha tenido una apreciación por la música y por los cánticos espontáneos. Tanto el himnario oficial de la denominación, como otros recursos musicales siempre han formado parte de su tradición.

Lo que era innovador era la apropiación de ritmos musicales propios de la radio, propios de las celebraciones populares, pero que aún no habían traspasado más allá de las puertas del templo.

Por muchos años mi actividad musical fue muy solitaria. Siempre orando que Dios enviara músicos, y siempre admirando a aquellas iglesias del barrio que contaban con un bastión de jóvenes muy activos en el uso de instrumentos criollos y en la dirección del canto congregacional.

Nunca tuvimos escasez de panderetas. Aún éstas se limitaban a una o dos personas, que verdaderamente supieran utilizarlas. Pero, poco a poco Dios envió músicos y levantó directores y directoras de la alabanza. Conforme la iglesia crecía en número, fue simultáneamente añadiendo cánticos nuevos. Algunos de estos con temas más cercanos a la realidad del pueblo.

Siempre contamos con dos himnarios, más una libreta de coritos o estribillos. Por algún tiempo seguí acompañando la mayoría de los himnos evangélicos tradicionales con el estilo de "revival" o de campaña de evangelización anglo-americana. El porqué de esto se debe a que era necesario reconocer que éramos el producto de un esfuerzo misionero que nos enseñó a cantar así.

Pero como ha ocurrido a través del mundo latino, ¡un día vimos la luz! Descubrimos que lo nuestro era bello, creación divina, y merecía ponerse de frente y no al rescoldo. En las comunidades pentecostales esto no es nuevo. Lo autóctono, lo que ha nacido del corazón mismo de la realidad latina, con algunas excepciones, ha recibido un lugar preponderante en la liturgia del pueblo.

Cuando uno adora en estas comunidades cristianas se oyen los mismos matices y las mismas cadencias que se oyen en los rincones del vecindario latino.

Por un momento, te invito a imaginarte el siguiente cuadro: a mi alrededor, donde sólo había un piano de madera, ahora se observa un piano eléctrico, integrado a un sintetizador, que provee innumerables posibilidades de sonidos de viento, cuerdas y otros teclados. A mi izquierda hay un hermano cubano que alaba a Dios con los timbales, a mi derecha la batería, las congas. Al frente mi otro hijo con el güiro (instrumento musical de percusión sacado de una fruta de Puerto Rico), y otro hermano con los bongoces. En medio de la congregación, hay una hermana con los palitos, un par de hermanas con panderos, y una congregación que poco le falta para salir bailando de entre los escaños. Verdaderamente está alegre, entusiasmada, feliz de estar en la casa de Dios, y feliz de poder experimentar la libertad del Espíritu utilizando sus voces, sus manos, y los patrones culturales con los cuales se criaron, y con los cuales aprendieron a cantarle a la vida.

La Iglesia El Redentor sabía que la fiesta del Señor en nada prohíbe cantar a Dios al ritmo del pueblo. La fiesta a la cual hemos sido invitados, exige que vengamos con lo que mejor representa quiénes somos, de dónde venimos y hacia donde vamos.

Una de las injusticias más violentas que se comete en la casa de Dios, es que se le ponga mordaza a la asamblea, con la condición de que abandone lo que es idiosincráticamente suyo, para seguir arrastrando moldes que han servido su propósito, pero que no pueden tocar las fibras del alma latina.

Mis himnarios forman parte de mi equipo como liturgista pastoral, pero siempre recordando que le sirvo a una comunidad que depende de unos sueños, unos símbolos, y unas tradiciones vivas. En el diario quehacer el guaguancó, el merengue, al igual que las baladas, son familiares por las calles de muchos sectores hispanos/latinos de ciudad en ciudad.

¿Cómo podemos silenciar esas voces que recogen el sentimiento, la poesía, las aspiraciones de nuestra gente cuando se encuentra en la casa de Dios? ¿No es este el sitio ideal para sentirnos aceptados? ¿No es este el lugar apropiado para llorar, gritar, y respirar delante de Su presencia con lo que mejor nos permite decir nuestra historia?

Pueblo Latino: Pueblo Mestizo

El alma latina está hecha de una mezcla de historias, sangres y sentimientos. Somos el resultado de la colonización española del siglo 15 que violentamente sacudió los cimientos de la organización social, económica y religiosa de nuestros antepasados indígenas: arawak, mayas, aztecas, incas, taínos, caribes, naborias, igneris y otras comunidades.

En la situación caribeña, ésta vino acompañada de la presencia del africano que fue traído como esclavo a nuestras tierras. La comunidad indígena taína fue exterminada en un corto lapso de tiempo, y el elemento africano se arraigó bien adentro del ser latino caribeño (González, José Luis, 1989).

Como músicos, agentes pastorales o liturgiólogos, tenemos una enorme responsabilidad: identificar recursos que visualmente, al igual que rítmicamente, ofrezcan las palabras apropiadas para que el pueblo pueda expresar sus testimonios ante la grandeza de Dios, y ante el mundo. Francis, (1991), afirma que:

> *La liturgia, como ritual de comunicación, simbólicamente proyecta significado; a menudo las acciones simbólicas, ya sea el aceite, el incienso, el agua, el pan o el vino, tienen el poder para comunicar precisamente, porque no son maneras definitivas de interpretarlas* (p. 12).

Los símbolos y acciones del culto han de ser símbolos de libertad ya que tienen como objetivo primordial comunicar la verdad del evangelio. Han de ayudarnos a recapitular la obra maravillosa que nuestro Salvador realizara al vertir su sangre en el Calvario.

Como creyentes nos identificamos con esa historia. Pero para que sea eficaz y tenga sentido, tiene que comunicarse en un lenguaje y con los acentos pertinentes de la cultura del pueblo donde se utilizan los símbolos. Cuando éstos vienen envueltos en una cultura que es ajena a la del pueblo, o en ropaje anti-hispano, anti-mestizaje, entonces tenemos problemas serios.

Repetimos la historia misionera del pasado (Dareno, 1992). Se nos impone un Cristo que en nada se parece al rostro curtido de nuestros ancianos, y en nada habla como nuestros jíbaros, indígenas o campesinos. Los símbolos se convierten en instrumentos de dominación y opresión.

Desde el comienzo de la iglesia cristiana el tema del multiculturalismo ha estado presente. Algunos de los conflictos entre los primeros cristianos tenían que ver con las diferencias étnicas, raciales, y culturales que existían entre ellos (Hechos 6:17; 10: 1-15; 11: 1-18; 15: 1-29; Gálatas 3: 28; Romanos 11: 11-24; Efesios 2: 11-18).

No obstante, esas diferencias son superables cuando en ambos grupos hay un verdadero compromiso con la justicia y el amor. Apreciamos las bellezas distintivas de cada grupo que se sienta a la mesa del Señor, cuando podemos ver lo que constituye su grupo y lo podemos llamar bueno.

Cuando llegaron nuestras familias cubanas, la Iglesia El Redentor vio la mano de Dios en el asunto. Por primera vez en muchos años nos encontramos enfrascados en una tarea amplia que incluía buscar viviendas, empleos, alimentos y ropa para los nuevos inmigrantes de Lancaster.

Independientemente de cuáles fueran sus inclinaciones políticas, o sus razones para abandonar la Isla, nosotros sabíamos que teníamos que responder a la necesidad imperiosa del momento.

En forma progresiva fueron adaptándose a su nueva realidad. Su presencia en el culto se dejó sentir de inmediato. Por primera vez empezamos a experimentar con ritmos cubanos. En la manera de repiquetear sobre los timbales y las congas, se podía ver la influencia de su tierra.

Nuestra innovación nos llevó a interpretar música evangélica tradicional en el estilo del "jazz latino" y en los ritmos que representaban a cada una de las familias hispanas/latinas que forman esta iglesia local. Jesús mismo se entregó por nosotros con toda su humanidad. Participó a plenitud en la experiencia cultural de mestizaje.

Cultural y lingüísticamente hablando, Jesús era ciertamente mestizo entre Judaísmo y otras culturas que florecieron en Galilea...En su apariencia humana, como esta fue observada por los que le conocían en una manera mundana y no a través de los ojos de la fe, ciertamente parecía ser de orígenes mezclados (Elizondo, 1983, p.19).

El camino de la encarnación no sólo involucró la participación de las limitaciones y ansiedades humanas, sino que incluyó una identificación con gente humilde, gente marginada, gente con una identidad cultural específica. Esta identidad, aunque despreciada por otros, fue afirmada por la venida del Mesías al mundo.

La identidad galilea era sinónimo de impureza y vergüenza. Su diversidad étnica, racial y religiosa era motivo de desprecio por parte de los judíos "puristas" en Jerusalén (Elizondo, 1983, p. 50), por eso era común el prejuicio (Juan 7:52). Con la aparición de Jesús como galileo a través de las páginas del evangelio, el ser galileo recibe una nueva interpretación. Ser galileo significa ser "punto de partida para Dios" (Elizondo, 1983, p. 19). Vemos cómo Jesús durante todo su ministerio muestra una sensibilidad especial hacia los más desventajados de la sociedad. Niños, leprosos, samaritanos y gente despreciada por el público, encuentran en Él un amigo. Siempre vivió abriendo el círculo social de la inclusividad, y expandiendo los parámetros teológicos de la comunidad religiosa de su tiempo (Lucas 4:17ss). Como pueblo hispano/latino, hemos recibido de parte de Dios estos dones hermosos. Una riqueza cultural muy amplia y multicolor. De ahí que tengamos la habilidad de integrar tradiciones, y de ser eclécticos en nuestra experiencia de culto. En el mismo orden para el culto se integran elementos formales con elementos informales. Llamamos a la conversión frente al altar, y llamamos a la iglesia a participar en foros públicos de concientización política. Cantamos con reverencia y convicción los himnos evangélicos protestantes, y paralelamente cantamos cánticos que surgen de nuestras relaciones ecuménicas.

Hablamos del cielo y hablamos de la tierra. Damos testimonio del Espíritu que sana enfermedades físicas, y simultáneamente vemos la obra de ese Espíritu en el triunfo de la justicia frente a gobiernos tiranos.

Vivir en un país extranjero es causa de dolor y trauma para un gran sector de nuestras familias. Y aun cuando celebramos el culto a Dios, llevamos el estrago del exilio. El Salmo 137 expresa el lamento y la nostalgia de la comunidad israelita en el exilio babilónico (Pixley, 1992).

"¿Cómo cantaremos un cántico de Jehová en tierra de extraños? Si me olvido de ti, Jerusalén pierda mi diestra su destreza. Mi lengua se pegue a mi paladar, si de ti no me acuerdo; si no enaltezco a Jerusalén como preferente asunto de mi alegría". (vv.4-6)

La familia latina, aun cuando ha hecho una transición al nuevo país, continúa haciendo estas preguntas: ¿Cuándo podré regresar a mi tierra? ¿Qué puedo hacer si mis padres se enferman y no puedo salir de este país? ¿Señor, qué hago si alguien me delata por falta de documentos? ¿Cómo puedo vencer las barreras del idioma, el racismo, y el discrimen? ¿Por qué si soy ciudadano me siguen tratando como extranjero? ¿Quién soy yo en medio de esta sociedad?

En el contexto del trabajo y el intercambio social, nuestros niños reciben mensajes denigrantes de parte de sus maestros, nuestras familias atraviesan prácticas discriminatorias que dejan heridas muy profundas.

En nuestro afán por cambiar las estructuras que infligen dolor sobre nuestro pueblo y otros pueblos marginados en la sociedad, pasamos por el alto impacto del proceso migratorio por el cual atraviesan nuestras familias.

Carlos Sluzki (1979), describe el proceso migratorio desde la perspectiva psiquiátrica como uno que consiste de cinco fases: [1] etapa de preparación [2] etapa de migración [3] etapa de sobrecompensación [4] etapa de crisis [5] etapa de impacto transgeneracional.

El proceso migratorio es un drama saturado de un sinnúmero de emociones. En la etapa de preparación, la familia entra en un tiempo de euforia. A la distancia todo se ve color de rosa y lleno de promesas. Una nueva casa, trabajo seguro, completa libertad, un nuevo comienzo. Al mismo tiempo impera un ciclo de "altas y bajas". La familia se prepara para su viaje a su nuevo país, a veces creando nuevas reglas familiares en el camino: "allá no es como acá, cuando estemos allá no van a poder hacer esto o aquello."

De repente llega el día de irse, la etapa de la migración. Dependiendo de las circunstancias que suscitan este cambio, la familia podrá crear nuevos rituales que les ayuden a caminar por el nuevo sendero. La realidad es que dejamos nuestras tierras con el alma sufrida…memorias de nuestros países…algunos pensando en que quizá nunca podrán volver.

Algunos hemos llegado con papeles y una recepción en el aeropuerto. Otros cruzamos afrontando toda clase de riesgos, agarrados de una fe inamovible en la misericordia de Dios. Para otros, la única alternativa fue el destierro...nuestro país de origen nos obligó a salir.

Entonces comienza el período de sobrecompensación. El llamado "migratory stress" (Sluzki, p. 383), ejerce su mayor impacto sobre los miembros de la familia a medida que hacen la transición a este país. Los esfuerzos se concentran en sobrevivir, en establecer el nido. Lo importante es atender las necesidades básicas de la alimentación, el refugio, la escuela de los niños.

Pero, como muchos recuerdan, otras presiones que no se anticipaban se añaden al cúmulo de cosas por hacer. La familia quiere mantener sus costumbres, tal y como lo hacían en el otro país.

Y es aquí cuando, la familia se encuentra impotente para lidiar con la nueva realidad en que está. Todo va ocurriendo a una gran velocidad. Los niños aparentan diluirse en la nueva cultura, y empiezan a surgir diversas interpretaciones de cómo relacionarse con el nuevo mundo donde se encuentran. Esto introduce la nueva etapa: la etapa de crisis.

Aquí es cuando, providencialmente, muchos pastores y pastoras hemos tocado a la puerta y hemos encontrado rostros con profundas ojeras, agotados y sin fuerzas para seguir la lucha.

Una invitación, y ocurre una vez más el milagro. En medio de lo que parece ser un desierto candente e interminable, encontramos a Dios ofreciendo aguas refrescantes en la himnología de su pueblo. Los cánticos, el saludo de la paz, la cruz y los paños del altar, crean un oasis que nos recuerda que Dios no nos ha desamparado...y que Dios acompaña al inmigrante.

Badillo (1977), subraya esta convicción cuando habla de Jesús como aquél que nunca nos falta:

"Mi Jesús jamás me falta de mi vida cuida y vela.
Él por siempre me acompaña y en mis cuitas me consuela.
Cuando siento que me agobian mis pecados y temores en mis
penas y dolores en mis penas y dolores, mi Jesús jamás me
falta.

En mi viaje por el mundo cual cansado peregrino
Mi Jesús jamás me falta Él me cuida en mi camino.
Y yo siento dicha tanta cuando sé que va conmigo
El mejor de mis amigos, el mejor de mis amigos,
Mi Jesús jamás me falta.

Cuando estoy en mis afanes en mis luchas y fragores
Mi Jesús jamás me falta Él escucha mis clamores.
Y al calor de su mirada con la gracia de su aliento
¡yo me siento tan contento!
Mi Jesús jamás me falta.

El período de crisis desencadena un tumulto de tensiones y de reacciones en los miembros de la familia. Los roles se confunden, las tareas se reinterpretan. De repente, hay toda una reinterpretación de lo que significa ser el hombre del hogar. La estructura de la familia es desafiada a veces llevando a una inevitable y complicada ruptura.

En medio de la fiesta que se lleva a cabo todas las semanas en la casa de Dios, se encuentran adoradores que buscan en el Señor contestación a sus grandes interrogantes. Muchas iglesias son sumamente sensibles y la selección de cánticos, y el enfoque de la celebración incluyen oportunidades para tomarse de las manos y darse ánimo para seguir la lucha.

Elizondo (1995), afirma que es en nuestras fiestas donde verdaderamente experimentamos nuestra identidad y nuestro destino. Son las celebraciones alegres y espontáneas donde festejamos al Señor por lo que ya ha comenzado en nosotros y un día habrá de completar (Filipenses 1:6). La responsabilidad de quien ocupa el púlpito es de recordarnos que en la marcha hacia la consumación del reino de Dios, su presencia nos cubre. Las Escrituras ofrecen palabras de bálsamo para iniciar cada día, y por otra parte, palabras que nos ayudan a ver las realidades de injusticia que atentan contra el futuro del inmigrante y del indocumentado.

Al final del círculo migratorio, la cultura dominante presente en las estructuras eclesiásticas anticipa la completa "asimilación" de esas nuevas familias. Y a veces el culto de algunas iglesias hispanas/latinas se hace cómplice cuando nos condiciona a pensar que mejor es lo de otros grupos que lo nuestro. Ciertas melodías calman nuestro espíritu y nos ponen, sin lugar a dudas, en un estado de ánimo excelente para escuchar a Dios. Pero, cuando todo va orientado hacia la devaluación del ser latino, porque se considera nuestra música como menos sagrada, como chabacana, el mensaje que comunicamos es que Dios nos acompaña en tanto y en cuanto nos deshagamos del sarape o nos quitemos el poncho.

No hay que despreciar la sangre de nuestros antepasados, ni negar nuestra "mancha de plátano" para estar en Su presencia. Como gente que queremos ofrecer un nuevo cántico al Señor de la vida, es urgente que propiciemos una atmósfera litúrgica que aluda a la esperanza. En la diáspora, la presencia de Dios es fuente de fortaleza en medio de la transición que se vive. La Iglesia en los barrios latinos viene a ser "un lugar de afirmación, de supervivencia cultural" (Villafañe, 1995, p. 34). Junto a nuestros hermanos y hermanas, la gracia del Señor nos capacita para mantener sobre nosotros la unidad y cohesión familiar.

No es la vida, la vida que se vive en el engaño, triste vida que no sabe del calor humano, pues vivir la vida es mucho más que la apariencia de una vida que no es más que una sobrevivencia.

Coro: Jesucristo es la vida, es la vida del mundo.

No es la vida, la vida que se vive como esclavo, sin hogar, sin voz, ni vez, ni abrigo, ni un centavo, pues vivir la vida es como hacerse a la aventura, sólo es vida, vida en que la libertad perdura.

No es la vida, la vida que vive sin futuro, que es sólo memoria y un pasado incierto, oscuro. Pues vivir la vida es mucho más que la añoranza, sólo es vivida vida en la que surge esperanza.

Vida es esa que en Jesús hoy todos alcanzamos, cuando junto a él al mundo injusto, transformador, y venciendo muerte, represión y tiranía nos lanzamos a vivir su Reino de alegría.

(Sosa, 1988, p. 187).

Habiendo visto lo impactante de este proceso migratorio preguntémonos ¿cómo es que la adoración puede ser de ayuda?

La lista de sugerencias de Sluzki, (1979), para la comunidad psiquiátrica es extensa. Si pudiéramos tener acceso a cada familia que se prepara para inmigrar a este país, podríamos sugerir en forma preventiva que la familia esté consciente de los momentos de soledad y desarraigo que inevitablemente habrán de encarar. Además, Sluzki sugiere que hagan todo lo posible por mantenerse en contacto con gente de "su lugar antiguo"

(p. 387). Me parece que la mayoría de nuestro pueblo hispano/ latino hace esas dos cosas muy bien. Creo que en parte esa es la razón por la cual nuestra llegada y nuestra presencia en este país es fuerte. Somos el producto hermoso de una fusión de "sangres" (Elizondo, 1983), un pueblo mestizo nacido de la violenta colonización española; y a pesar de que el puño del conquistador provocó derramamiento de sangre de vidas inocentes, y la exterminación acelerada de comunidades indígenas, la mayoría de los hispanos reconocemos que de esta situación de violencia, dominación y genocidio, surgió una nueva realidad, un pueblo nuevo. De estos encuentros entre los primeros habitantes de nuestras tierras en las Américas, y los invasores, nacieron unos americanos y americanas enteramente nuevos (Elizondo, p. 10).

El tema de la cultura se encuentra a raíz de la identidad hispana. El idioma ciertamente sigue siendo crucial en cualquier discusión sobre la realidad latina. Especialmente cuando afrontamos el génesis de una nueva generación de latinos bilingües y biculturales, que imponen un desafío misionero para la iglesia en todos sus ministerios, el asunto del idioma tiene que tomarse en consideración.

No obstante, la cultura involucra muchos otros aspectos. Uno de estos aspectos es el de los valores. Soto-Fontánez (1982), ha explorado el tema de los valores hispanos desde la perspectiva de la predicación cristiana. Mackay (1933), de igual manera escribió un estudio excelente donde examina la influencia religiosa ibérica en las Américas. Este es un estudio bastante abarcador de la espiritualidad española y latinoamericana. Ahí describe el "alma Ibérica" y las intenciones religiosas de los españoles durante su conquista en nuestras tierras.

Una de las características que Mackay (1933) enfatiza, es la "intensa individualidad" de ser ibérico. El alma ibérica dice: "Soy de carne, no soy una cosa pintada" (p. 4). En la experiencia hispana hablamos de "dignidad", el valor sagrado de cada persona independientemente de su estilo de vida, sus pertenencias o conocimientos académicos. Obviamente, en comunidades urbanas donde impera la pobreza, la explotación y el discrimen racial, se hace difícil palpar en muchos casos una profunda autoestima, en muchos de nuestros compañeros y compañeras hispanos/latinos. Memmi (1965; 1968), nos recuerda que el racismo es responsable por la distorsión de las autoimágenes de nuestro pueblo.

Nuestras raíces familiares son casi inquebrantables. Entre las recomendaciones que ofrece a personas que serán responsables por el asesoramiento a familias inmigrantes, se sugiere que haya una orientación futurista. Es decir, servir de puente entre la familia y los sistemas que operan alrededor de la familia.

La fiesta del Señor es una oportunidad para resaltar los siguientes temas:

[1] Dios es dueño del futuro y promete caminar con nosotros todos los días.

[2] Jesús promete que Él tornará nuestro dolor en alegría.

[3] Nuestra llegada a Estados Unidos puede ser y es una oportunidad misionera.

[4] Caminamos hacia el día en que llegue el reino de Dios.

[5] En el culto de la iglesia afirmamos no solo nuestra fe en Jesucristo, sino también nuestra herencia cultural.

[6] Somos un pueblo llamado a realizar una labor profética, denunciando la injusticia.

Comunidad de fe: Pueblo Nuevo

Nuestra presencia en Estados Unidos, aunque se ha incrementado con las continuas migraciones de distintos países, no es totalmente nueva. Algunos hispanos/latinos ya vivían en este suelo antes de venir a formar parte de los Estados Unidos. En ese sentido somos un pueblo que ha estado aquí por mucho tiempo. Por otra parte, nuestra autoafirmación en medio de una sociedad multicultural nos ha hecho aparecer en la escena política y eclesiástica como un pueblo nuevo.

Desde nuestra experiencia de fe, sí somos un pueblo nuevo. Somos parte del fermento que dirige el Espíritu de Dios en la lucha por una sociedad más justa y humana, y por una nación que esté más cerca del testimonio del evangelio.

Quiero identificar cinco afirmaciones que describen en qué sentido somos pueblo nuevo:

[1] Somos pueblo nuevo porque al final las estructuras de poder en la iglesia dominante y en la sociedad tendrán que reconocer nuestra existencia y nuestra aportación a este país. Se nos ha querido reducir a la "cosificación", a una existencia de "objetos de la historia" y no de participantes en la construcción de una sociedad de igualdad. Nuestros niños, jóvenes y adultos han tenido que beber un caldo amargo en términos socio-económicos. Aun así, seguimos forjando nuestro futuro.

[2] Somos un pueblo nuevo porque hemos vivido la experiencia del mestizaje. Mucho más que una realidad enraizada en asuntos de biología o fisonomía, el mestizaje es una manera de ver la realidad; es un "paradigma misional" porque incluye un llamado a integrar los mejores elementos

de las historias y las sangres que nos han dado el "alma latina." Además, contiene la configuración de un mosaico de perspectivas, experiencias, memorias y símbolos que compartimos todos los hispanos/latinos y que le dan un sentido de vocación sagrada a nuestra existencia en esta nación.

No faltan los que nos quieren transformar en "especialistas" de esto o de aquello. Pero nuestra experiencia es rica en forma, sustancia y estructura. Por eso, podemos traer un espíritu integrador, que sirve de puente para unir lo mejor de la experiencia humana.

Aunque hemos visto cómo nuestras iglesias reflejan una de estas tres personalidades culturales, evangélicas carismáticas y evangélicas litúrgicas, participamos de una gama de situaciones que nos dan una habilidad pluriforme para expresar la fe en el canto y en la oración.

[3] Somos un pueblo nuevo porque, aunque hemos sido parte de esta tierra por muchos siglos, ahora asomamos la cara como un pueblo unido en una alianza al estilo del pueblo israelita en el pacto de Siquem (Josué 24).

[4] Somos un conglomerado de "tribus" que bajo una fe común en Jehová y unas raíces comunes, tenemos una cultura diversa. Somos un pueblo en la diáspora y, al mismo, tiempo, vinculados por un sentido de lucha y compromiso.

[5] Como un pueblo nuevo en términos misioneros y evangelísticos, la fe cristiana en el contexto hispano/latino involucra una profunda pasión por la salvación del pecado y la formación de discípulos que avancen la causa del reino de Dios. Un pueblo nuevo enviado a albergar al

huérfano, al pobre y a la viuda, al extranjero y a toda persona deshumanizada por el pecado personal y colectivo.

En el evangelio observamos que Jesús era miembro de una familia migrante (Mateo 2:13-23). La huida a Egipto para proteger al niño Dios, colocó a María y a José en las condiciones de la migración: desarraigo y adaptación. Obviamente, Dios tenía unos planes para la humanidad entera. Pero esta página del Nuevo Testamento ofrece una palabra para todos los que hemos venido a este país y hemos tenido que aprender a cantar un cántico nuevo en tierra extraña.

Jesús, nuestro Salvador y Señor, nuestro Sanador y Libertador, conoció todas las pasiones humanas, y sufrió toda clase de ofensas para tu bien y el mío (Hebreos 2:8ss; 5:7). Inclusive, la experiencia de vivir en tierra extraña ofrece una promesa de que podemos en confianza acercarnos a Dios. ¡Podemos venir ante Su presencia con nuestro idioma, nuestras memorias y nuestras aspiraciones para el futuro!

Preguntas para la Reflexión

1] ¿Cuán importante es nuestra cultura en la expresión de nuestra adoración a Dios?

2] ¿Cuántas oportunidades proveemos en el contexto del culto para testimonios de cómo Dios ha estado presente en sus experiencias de migración en este país?

3] ¿De qué manera podemos usar responsablemente los temas del cautiverio, el exilio, y la liberación en la confección y celebración de la liturgia?

4] ¿Hay algún programa bíblico perfilado hacia el adiestramiento de líderes involucrados en la música, la adoración y la predicación congregacional?

5] ¿Qué conexión hacemos en la iglesia local entre el culto y nuestra responsabilidad social en el vecindario?

LA COMUNIÓN DE LOS SANTOS
Capítulo 4

¡Mirad cuán bueno y cuán delicioso es habitar los hermanos juntos en armonía!

Allí envía Jehová bendición y vida eterna."

Salmo 133: 1,3

𝓐 menudo pienso en la experiencia de sanidad que mi familia y yo tuvimos después de la crisis de mi padre. Él había estado sufriendo unos dolores muy fuertes en el pecho y esto lo llevo a someterse a unas pruebas médicas. Los resultados de estos exámenes parecían indicar serios problemas para los cuales tendría que pasar algún tiempo en un hospital en los Estados Unidos.

Tratamos de convencerlo de que permaneciera en su tierra y que buscara unas alternativas menos agresivas. Su decisión fue final y solo quedaba de nuestra parte apoyarlo y cubrirlo con nuestras oraciones.

Al tercer día de haber estado con él esperando noticias sobre su futuro médico, todos los demás eventos ocurrieron a una increíble velocidad. Se nos informó que era necesario hacer un cateterismo con carácter inmediato.

Nos unimos en oración inmediatamente antes de que se iniciara el procedimiento. Segundos antes, mi padre me decía, "hasta ahora he creído en el Señor y no claudicaré a mi fe." Estas palabras resuenan en mi mente hasta el día de hoy como un recordatorio de que haya pasado lo que haya pasado, mi padre vivió alabando a Dios hasta el último momento.

Eran las tres de la mañana cuando me llamaron de la sala de cuidado intensivo. "Señor Cotto", dijo la enfermera, "el doctor quiere que usted venga de inmediato, su papá no está bien."

Sacudido por la noticia, todo mi ser se inundó de un grave temor. Camino al hospital, la calle estaba oscura y solitaria. El frío de la mañana venía acompañado de ansiedad y tristeza.

El Reverendo Efraín Cotto, el conocido comunicador puertorriqueño, pastor metodista, capellán e infatigable líder evangélico se encontraba desvinculado de sus seres queridos…y yo, completamente impotente para ofrecerle ayuda alguna. Verdaderamente, a partir de ese momento, todo estaba en las manos de aquel que es Alfa y Omega, el principio y fin de todo (Apoc. 1:8).

Mientras aguardaba la llegada del resto de mi familia, no podía dejar de pensar en mis hijos, en mis hermanos y hermana. Mi querida madre…¡qué golpe tan fuerte para todos nosotros!

En la sala de emergencia había otras familias, muchas de ellas de Puerto Rico. Algunos estaban muy tristes y nerviosos. Otros miraban hacia el suelo con desconsuelo.

Yo me encontraba sumergido en lágrimas, con un pañuelo en mano, ojos cerrados y refugiándome en Dios. El Salmo 22 provee las palabras adecuadas para describir mucho de lo que estaba atravesando:

"Dios mío, Dios mío ¿por qué me has desamparado? ¿Por qué estás tan lejos de mí salvación? Dios mío, clamo de día y no respondes; y de noche no hay para mí descanso. Pero tú eres santo, tú que habitas entre las alabanzas de Israel. En ti esperaron nuestros padres; esperaron y tú los libraste. Clamaron a ti y fueron librados; confiaron en ti y no fueron avergonzados".

Pasaron ocho años y medio antes de que el Señor llamara a mi padre a Su presencia. Para mi madre, especialmente, fueron años de muchas vigilias, de muchas lágrimas y oraciones. Fue un tiempo de crecimiento espiritual para nosotros.

Muchas de nuestras circunstancias cambiaron radicalmente a consecuencia de esta tragedia. Una nueva realidad como familia cristiana estaba delante de nosotros y teníamos que aceptarla. Tendríamos que acostumbrarnos a vivir con nuestra gran pérdida. ¿Cómo nos fortalecimos durante este tiempo de prueba? Nos fortalecimos como se fortalecen los cristianos: por medio de los diversos ministerios de la iglesia. Específicamente, los ministerios de la iglesia que tienen que ver con la adoración: la alabanza, la oración, las Escrituras, la comunión, y otros.

Pruyser (1972) ha dicho que en nuestras vidas se dan situaciones de **crisis** y situaciones **"kairos"**. Por crisis se refiere a las situaciones de dolor que producen desgaste físico, emocional y espiritual en los seres humanos: la muerte, la enfermedad, el conflicto, la opresión política y económica.

Las situaciones "kairos" son esos momentos creativos de la vida donde hay cambios y ajustes, pero que ocurren dentro de un marco de alegría y felicidad. El nacimiento de un bebé, la llegada a la mayoría de edad, la celebración de un quinceañero, un bar mitzvah o batmitzvah judío, el rito de la confirmación o primera comunión, el matrimonio, la ordenación, una graduación, y otras.

Para ambas experiencias humanas la comunidad de fe realiza rituales y ceremonias que le dan sentido y propósito a esos capítulos significativos. Por medio de palabras, gestos y símbolos recibimos ayuda para afrontar las transiciones más cruciales de la vida.

Recuerdo que durante toda la convalecencia de mi padre, siempre hubo música y mensajes cristianos que se escuchaban en la radio, llenando su habitación con una atmósfera de paz, esperanza y reverencia. Cultos espontáneos, oraciones de sanidad y ungimiento no faltaron. Todo esto sirvió de bálsamo para mi querida madre.

Desde el momento en que pasamos a la unidad de cuidado intensivo en el hospital donde mi padre sufrió daños irreparables nos confrontamos con toda clase de maquinarias y personas haciendo su trabajo. Como solíamos hacer cuando viajamos juntos, mi familia y yo nos unimos a cuatro voces para cantar a Dios con la esperanza de que estas melodías sirvieran de aliciente a nuestro padre.

Particularmente, la versión en español del himno tradicional conocido entre el pueblo evangélico como, *"De Paz Inundada mi Senda"* (Himnario Metodista, 1973) formó parte de los recursos espirituales que nos sostuvieron.

Inevitablemente, llegó la hora cuando todos tuvimos que reintegrarnos a nuestras labores usuales. Hubiera sido casi imposible rehacer nuestras vidas sin el calor de la comunidad de fe.

Nuestras respectivas iglesias nunca nos privaron de su amor y cariño. Jamás mostraron indisposición por nuestras continuas referencias a nuestra tragedia familiar. Aprendimos a celebrar la grandeza del amor de Dios, a pesar del vacío que acompañaba nuestra fe. Los conceptos bíblicos de la iglesia como *cuerpo de Cristo y familia de Dios*, se hicieron más reales junto a los hermanos y hermanas con quienes nos unimos en cánticos para dar tributo al Señor de la vida. La Iglesia El Redentor me abrazó como un miembro de la familia, con sus oraciones, su amistad y palabras de aliento, en sus hogares y en la asamblea reunida para adorar.

Es así como la liturgia se convierte en instrumento de sanidad e integración para el pueblo de Dios.

Iglesia: Comunidad Sanadora

En la adoración congregacional se viven momentos inolvidables de calor humano, de reconstrucción familiar y redención social. Si hay algo que se destaca en la experiencia del adorante hispano/latino, es la frecuente referencia a lo que ocurrió en el culto. Decimos "se dejó sentir la presencia de Dios." O afirmamos, "Dios me habló." Luego, partimos a reiniciar nuestra jornada por la vida. Ese es el ritmo en que vivimos en nuestro diario quehacer en la casa de Dios, y de regreso a las faenas acostumbradas: familia, vecinos y trabajo.

El Salmo 133 se escucha muy a menudo al iniciarse la hora de adoración, a veces con un fondo musical, acentuando que Dios desea que vivamos como familia. Este concepto no es ajeno ni extraño para el mundo hispano/latino.

Este es un salmo pequeño, pero sustancioso. Parte de una colección de cánticos que eran utilizados por peregrinos israelitas mientras iban rumbo a Jerusalén (Brown, Fitzmyer & Murphy, 1990, p. 524).

Como parte de lo que se conoce como literatura de sabiduría, este salmo nos invita a preservar una buena y antigua costumbre. Esta clase de literatura revela una confianza plena de que hay orden en el universo y en la existencia humana. No se trata meramente de una postura filosófica acerca de la vida, sino mucho más que eso. Se trata de un despertar a la misma esencia de la realidad (Dahood, 1966). Algo así como la prudencia que manifiestan nuestros abuelos y abuelas cuando nos dan consejos prácticos frente a los grandes dilemas de nuestra existencia.

El salmista declara su confianza en el orden de Dios utilizando el tema de la vida familiar. Describe una familia que disfruta de una relación armoniosa; una relación que produce amor y alegría en sus miembros.

Dos términos hacen resaltar lo especial de esta relación fraternal: óleo y rocío. El óleo era un perfume muy selecto utilizado en la antigüedad para ungir. Denota riqueza, belleza y bienestar.

El término rocío apunta hacia las condiciones climáticas de Palestina. En muchas de sus regiones, tanto el reino vegetal como el animal, dependen de la lluvia y el rocío. ¿Qué nos dice esta porción de la palabra de Dios? En pocas palabras, que allí donde existen buenas relaciones de familia y confraternidad, abundan la salud, la vida y la amistad.

El "estarse en unión" es estar activamente produciendo la hermandad, sin acto antifraterno que la niegue, sin interrupción que la amortigüe. No es una "unión" cualquiera, accidental o interesada, sino lo que resulta de la relación misma de los hermanos... La bendición de Dios produce eficazmente todo lo que significa; de ella vienen en realidad todos los bienes (A. González, 1976, p. 583).

Otro punto que merece traerse a colación es que la idea de familia aquí no solo incluye a la familia biológica, la familia de procedencia, o aquellas personas que vienen de nuestro propio país de origen, sino que abarca aún a la misma familia de la fe. Para la iglesia hispana/latina, este concepto tampoco es extraño. La noción de familia en círculos hispanos/latinos comprende a otras personas, a veces del vecindario, que son "adoptadas" como miembros integrantes mediante costumbres populares y religiosas.

Cuando hablamos de familia, incluimos a los parientes más distantes que quizás ni hemos visto, pero de quienes se nos ha hablado o de quienes hemos visto una fotografía.

A la luz de esta Sagrada Escritura, la visión de Dios es que exista esa armonía sincera en todos los niveles de interacción humana. Esta armonía ciertamente ofrece unos enormes beneficios.

"Los bienes de la concordia fraternal se visualizan igualmente en el grupo de peregrinos que se dirige al templo, en el de los servidores de Yahveh que viven en sus ámbitos, en el grupo compacto de los humildes y los "pobres", en el conjunto de los pueblos que un día subirán juntos a adorar a Yahveh sobre Sión." (González, p. 582).

Obviamente, en el marco de la fe, la iglesia es esa comunidad apartada para modelar esta manera de asociarnos con los demás, especialmente con los que forman el pueblo de Dios. (Gálatas 6:10). No podemos olvidar que es Dios, en última instancia, quien hace posible entre los creyentes esa vida de familia, pero es algo en lo que todos tenemos que tomar parte activa. Hay que "producir la hermandad".

¿Qué mejor oportunidad para promover la hermandad, para ensayar y modelar la fraternidad humana, que en la adoración y la alabanza.

La Liturgia como Fuente de Salud

El encuentro con Dios en el santuario tiene credibilidad ante el mundo que observa, si este encuentro con Dios nos lleva a un encuentro de compasión con el prójimo.

Una deficiencia que fomentamos en el ministerio de la adoración es la desvinculación con la realidad social. Tenemos una sorprendente fascinación con todo lo que es de orden tecnológico o académico, mientras que mostramos muy poca preocupación por la responsabilidad que sigue a la hora del culto.

La apariencia del santuario, o del boletín impreso, la selección de los participantes, la temática que queremos enfatizar consume muchas de nuestras energías. Claro, debemos rendir siempre a Dios un ministerio de excelencia. Pero es lamentable que planeamos el culto sin pensar detenidamente en los problemas que afectan a la comunidad circundante y las maneras como podemos propiciar un ambiente que ofrezca una palabra de esperanza y liberación. Por eso, se hace imperioso considerar la relación que existe entre la salud integral de individuos y comunidades, y la celebración del culto.

El cuidado pastoral involucra [1] *sanar*, [2] *sostener* [3] *guiar*, y [4] *reconciliar* a personas perturbadas (Clebsch & Jaekle, 1964). La Dra. Rebeca Radillo (2005) añade un quinto elemento, *liberación*.

Frente a diversas formas de abuso, injusticia, explotación o idolatría, las personas experimentan fragmentación emocional, social y espiritual. No obstante, en el contexto de la asamblea reunida para adorar, éstas pueden anticipar un mejor futuro y afirmar su valor como seres humanos y como pueblo de Dios. Dentro del cuidado pastoral, la adoración ocupa un lugar de incomparable valor ya que es ahí donde el ser y el quehacer de la iglesia se renuevan y se ponen en perspectiva

En el culto se realiza el ministerio del cuidado pastoral a través de sus cuatro movimientos: *la entrada, la palabra, la respuesta, la salida* (tabla 2). Estos proveen una estructura cuyos elementos le dan a la iglesia los recursos espirituales para fomentar integración y reconciliación en las personas. No estamos hablando de magia, ni de remedios instantáneos, sino de un proceso en el que se ofrecen múltiples oportunidades para la sanidad. Underwood habla de los remedios de gracia como las diversas maneras en que podemos encontrarnos con Dios en su orden, trascendencia y libertad (1993, p. 7).

\multicolumn{5}{	c	}{TABLA 2 - RECURSOS TERAPÉUTICOS EN LA ADORACIÓN}
MOVIMIENTO	ELEMENTO	ESCRITURA ESPIRITUAL	BENEFICIO	VALOR TERAPÉUTICO
Entrada	•Alabanza •Oración	•Sal. 107; 150 • Stgo. 5:13-19	•Esperanza •Liberación	•Nuevos paradigmas • Centro focal organizador
Palabra	•Escritura	• Lc. 24: 13-32	•Edificación	•Desarrollo y madurez
Respuesta	• Eucaristía	•1ª Cor. 11: 23-27	• Amor	• Atmósfera de aceptación
Salida	• Bendición	• He. 13: 20-21	• Apostolicidad	• Palabras de afirmación

Hay cinco acciones litúrgicas que propician grandes beneficios para los creyentes y que, a su vez, afectan positivamente su participación en otras esferas del vivir: [1] la alabanza, [2] la oración, [3] la escritura, [4] la eucaristía y [5] la bendición.

Alabanza

En el Antiguo Testamento observamos cómo había un equipo de personas separadas específicamente para guiar al pueblo en la dirección del cántico y la música (Nehemías 12:46). Como pastor y músico, yo sé lo que este momento significa. Desde el inicio de un preludio musical, todo debe ir encaminado a hacernos conscientes de que ya estamos delante del trono de Dios y que ha llegado la hora para rendirle tributo, gloria y honor.

Sus actos portentosos: reacción, liberación y salvación, nos han permitido gustar de sus beneficios (Salmo 103). Al saber cuán inefable es su amor, al saber cómo nos acompaña en el fragor de todos los días, no podemos hacer otra cosa sino rendirle nuestra más sincera pleitesía. Nos reunimos para decirle al Señor que su pueblo se alegra con júbilo, con una voz triunfante y con un hondo sentido de gratitud, como bien lo afirma el himno "Tu Pueblo Jubiloso" en el himnario Mil Voces (1996).

La palabra *"proskuneo"* es un término griego que indica doblegarse en humildad y reverencia al que nos hizo suyos para siempre por medio de Jesucristo. (Levítico 19:24; 1ª Crónicas. 16:9; Salmos 63:2; 96:8, 94:4; Malaquías 1:11, Hebreos 13:15-16). Venimos al templo con la memoria de decisiones que nos pusieron en peligro. Recordamos conversaciones que quizá lastimaron a un compañero de trabajo. Una hija sale para la Universidad y ahora la casa se siente vacía. Durante la semana alguien volvió a rechazarnos por nuestro apellido y apariencia. Nos asaltan temores acerca de la salud física de nuestros padres y no podemos verlos porque no tenemos documentos oficiales para salir y entrar al país.

Pero entonces nos encontramos frente a la grandeza de Dios, que aunque no siempre nos es clara Su presencia, prometió estar con nosotros y cumplió su promesa (Salmos 27:10; Hebreos 13:5; Mateo 28:20).

En la alabanza nos percatamos de Su presencia y Su fidelidad. Durante esos dulces momentos, participamos de una visión distinta de nuestra realidad. Nos apropiamos de la esperanza, y "rehacemos el mundo" (Brueggermann, 1988 págs. 9-28). Desde el ángulo de la fe en Dios, vemos una realidad, llena de posibilidades para un mundo de paz y fraternidad. Ahora vemos el mañana, no como un día más de derrota, sino como una fuerza espiritual que enjuicia el pecado personal e institucional, y que propone un nuevo comienzo porque Dios es quien lo inicia (González, J. L. 1990).

La terapia cognoscitiva particularmente, se concentra en ayudar a las personas que buscan asesoramiento, mediante la proposición de nuevas ideas sobre las circunstancias que afectan sus vidas. Terapéuticamente, la alabanza nos ayuda a considerar nuevas posibilidades, "nuevos paradigmas" que nos orientan hacia nuevos entendimientos acerca de la vida.

A pesar de las condiciones de vida que cicatrizan a diario nuestro pueblo, entrar a la casa de Dios para iniciar la fiesta de alabanza es un acto radical y hasta subversivo que insiste en que la palabra final la tiene Dios y no los poderes contrarios a Dios (Efesios 6: 10-18). La idolatría que impera en nuestra sociedad no logra asfixiarnos para siempre, pues en la alabanza encontramos a un Dios que nos invita a redescubrir la realidad de su amor incondicional. Por eso nuestras voces se unen para cantar:

Entra en la presencia del Señor, con gratitud
para adorar de corazón. Entra en la presencia del
Señor en gratitud y alza tu voz con júbilo tu voz.
Da Gloria y honra, y alabanza al Señor,
¡Oh Cristo!, nombre sin igual. [3]

Oración

¿Hay algún lugar en la liturgia donde podamos encontrar un lugar de reorientación? ¡Claro que sí! Para algunas congregaciones ese lugar se encuentra en los primeros minutos que pasan arrodillados delante de Dios pidiendo clemencia por nuestra participación en alguna injusticia o acto indebido. La oración crea un espacio en el que nos percatamos de la presencia de Dios en forma insospechada.

El testimonio de muchos pacientes sufriendo una variedad de problemas psicológicos, es que la fe en Dios les ha suministrado una fuente de fortaleza y de inspiración, y por medio de la cual han podido superar profundos sentimientos de culpabilidad, o han podido liberarse del temor a la muerte. Además, la oración colectiva ha provisto una experiencia de apoyo y de afirmación a individuos que han sufrido abandono, rechazo y atropellos de toda clase. La oración demuestra cómo la fe en Dios no es otra cosa que un "centro focal organizador".

---

[2] Cántico 338 en el himnario Mil Voces para Celebrar (1996), Nashville, Tennesseee: Abingdon Press.

¿Qué quiero decir con esto? Sencillamente, que mediante la oración muy a menudo logramos comprender lo que no comprendíamos, y recobramos la visión acerca de nosotros mismos, la realidad que nos rodea, y lo que Dios probablemente nos ha tratado de decir por algún tiempo. En el Salmo 46:10 oímos su voz: *"Estad quietos y conoced que yo soy Dios"*.

Bet-El fue para Jacob su lugar de encuentro con Dios (Génesis 28:10-22). Sin lugar a dudas un encuentro que reorientó la vida de este hombre frágil y obstinado. Por otro lado, en Getsemaní Jesús se sumerge en oración para prepararse a afrontar la cruz. Allí, a poca distancia de sus discípulos y de su círculo íntimo, Pedro, Juan y Jacobo, el maestro descarga la agonía de su espíritu en una sincera búsqueda. Consciente de su fragilidad humana, consciente de su responsabilidad para con la humanidad, busca dirección y fortaleza en los brazos de su Padre Celestial (Marcos 14:32-42). Después de la oración, Jesús se reintegra a su ministerio, listo para seguir su camino hacia la crucifixión.

Escrituras

Tanto la lectura de las Sagradas Escrituras como la predicación constituyen el acto de proclamación. El principio de *lex orandi, lex credendi,* (nuestra fe surge de la manera en que oramos), expuesto por un monje del siglo V, deberá seguir en operación en el ámbito de la celebración del culto a Dios. De la manera como visualizamos a Dios, así será como expresaremos nuestra fe tanto en el orden del culto, como en nuestra manera de vivir la fe en los foros públicos.

La continua lectura de la Palabra en medio de la asamblea, hambrienta de justicia, proporciona alimento espiritual para el pueblo de Dios. Sin lugar a dudas, en las iglesias hispanas/

latinas la predicación sigue siendo el eje central del culto. Hablamos de la "segunda parte" del culto, o del momento más importante cuando Dios habla a su pueblo. La predicación tiene un fuerte carácter sacramental, porque el pueblo espera más que nunca durante el culto que Dios hable a su pueblo, tanto a nivel colectivo como a nivel individual.

Si la oración es el alma del cuidado pastoral, las escrituras son la sustancia de esa misma labor (Underwood, p. 49). Mediante las escrituras se propicia un proceso de desarrollo y maduración en los creyentes que trae un mejor entendimiento de nuestra vida en Cristo y nuestra vocación en el mundo.

Para la iglesia latina, el momento de la proclamación de la palabra constituye esencialmente el momento para oír a Dios. Si esto es cierto, nos falta mucho trabajo en el desarrollo de un cuadro de lectores para el culto, que acentúen y enfaticen apropiadamente la belleza del lenguaje bíblico. Sin pretender excluir a nadie, más bien es urgente que las escrituras ocupen un lugar de importancia en la preparación del orden para la adoración.

Las Escrituras nos recuerdan los actos de Dios en nuestro favor. Sus actos de liberación, creación y redención forman la "memoria" del pueblo. Y en el recontar, recordar y recapitular esa historia, le damos significado a nuestra existencia. En el antiguo Israel, así como en Jesucristo, se encierra nuestra propia historia. Esa mezcla de narrativas, poesía, historia, parábolas nos ayudan a comprender las pasiones humanas y la grandeza de Dios.

Los caminantes de Emaús pasaron de la ignorancia a la sabiduría, y de la tristeza a la alegría, cuando en su encuentro con el Resucitado, que no habían logrado reconocer, recobran la esperanza. Todo comienza cuando Jesús les imparte conocimiento de las escrituras (Lucas 24:27ss).

Son muchos los beneficios que la palabra de Dios imparte, y es por eso que es crucial para todo congregante, prestar oído a las Escrituras, y en su devoción personal dedicar tiempo al estudio serio de la Biblia. La Escritura imparte claridad (Salmo 119: 105); la Escritura provoca libertad en la conciencia, en el espíritu (Juan 8:32). Las Escrituras producen carácter espiritual, y nos capacitan para hacer la voluntad de Dios (2ª Timoteo 2:15; 3:14-16; 1ª Pedro 2:1-3). Toda opinión humana deberá rendirse ante la "opinión de Dios" sobre el poder, el dinero, la sexualidad, las relaciones raciales, la injusticia, y todo otro asunto humano. Las Escrituras son un arma poderosa para hacerle frente a Satanás y todas sus estratagemas (Efesios 6:17; Mateo 4:1-11). Las Escrituras despliegan ante la comunidad adorante su tarea en la sociedad (Lucas 4:16-20; Mateo 28:19).

Eucaristía

¿Que quiere decir "eucaristía"? Significa "acción de gracias". Se sabe que el Didajé fue escrito entre el 130 y el 160 para el uso de las iglesias en las casas. Al hablar de la Cena del Señor, usa la palabra "eucaristía" y luego procede a dar instrucciones para su debida celebración.

La palabra es tomada de los pasajes bíblicos referentes a la cena del Señor (1ª Corintios 11:23-25; Marcos 14:12-26; Lucas 22:7-10; 19s. Mateo 26:17-30). Junto a otras palabras: santa cena, santa comunión, el partimiento del pan, el sacramento de la Comunión, la palabra eucaristía destaca el punto de que se trata de un momento donde nos ocupamos de darle las gracias a Dios por su bondad para con nosotros.

La Cena del Señor es un banquete de amistad y un banquete de amor. Jesús, como anfitrión principal, nos invita a reconocer su presencia en medio nuestro, y nos invita a estrechar la mano de amistad con otros hermanos que, de igual manera, han sido comprados con su sangre. Simultáneamente, nos invita a tomar el ministerio de la toalla y la palangana (lebrillo), el ministerio de servicio. (Juan 13:1-35).

Hablando sobre las relaciones humanas, Allen (1995) estudia la manera en que la Iglesia responde al SIDA. Buscando establecer a la iglesia como un lugar de sanidad, enumera cuatro aspectos que caracterizan su naturaleza y ministerio:

1] La iglesia es el lugar del encuentro fundamental. El encuentro con un Dios que sufre con nosotros, que comparte nuestras penas y dolores, nuestra humanidad y sus limitaciones (Hebreos 4:15; 5:2; Filipenses 2:5ss). Aquel Dios que busca siempre extendernos su sanidad y misericordia (Salmo 103:1-8). Un Dios paciente (en 1ª Pedro 3:20 y en 2ª Pedro 3:9, el término para paciente aquí es "makrotimia y makrotumeo" que quieren decir que Dios sufre con su pueblo, y con toda la humanidad).

[2] La iglesia es el lugar donde, en respuesta al hecho de que Dios sufre con nosotros, somos enviados a imitar a nuestro Padre (Efesios 5:1), no para glorificar el sufrimiento humano, sino para ser transparentes, accesibles, compasivos y solidarios con la justicia en favor de los pobres, los marginados y los desahuciados por la sociedad (2ª Corintios 5:18). Al aceptar nuestra comisión encarnamos un "actio Christi", en otras palabras, una acción que deja ver a Cristo en nuestro testimonio público.

[3] La iglesia es el lugar donde, quienes han recibido el cariño genuino de la iglesia, el "actio Christi", pueden contar su propia historia de quebranto y de sufrimiento. Al contar nuestras propias historias y al oír esas historias, participamos de una "atmósfera de aceptación."

Un elemento característico del culto en la iglesia latina es la espontaneidad para "dar testimonio" y para solicitar oración por "nuestras peticiones." En ambos casos es una disposición para desenmascararnos voluntariamente y poner nuestra humanidad, con todas sus contradicciones, en las manos de nuestros hermanos(as).

4] La iglesia es el lugar donde el sufrimiento humano se recibe como un llamado hacia el amor (Mateo 25: 31-40; Santiago 2:15-16; 1ª Corintios 11:17-22; 33-34; 1ª Corintios 13:18a, 13). Y en esta experiencia, la adoración revela claramente a Cristo, invitándonos a ser sus brazos, sus pies, la extensión de amor y compasión en medio del vecindario donde practicamos el culto.

Este sentido comunitario es dramatizado en muchas congregaciones, especialmente al partir el pan en la Cena del Señor. La manera de distribuir los elementos, los cánticos que se comparten evoca sentimientos de pertenencia y una fe colectiva.

Se hace un llamado al arrepentimiento y a la conversión. Nos encontramos frente a una nueva oportunidad para pedir perdón a Dios. ¡Cuán liberadora es esta oferta de gracia! Recordemos que la fiesta del Señor contiene simultáneamente momentos de alegría y tristeza, llanto, sorpresa, liberación, confrontación e intervención divina (Esdras 3:1-13; Génesis 28:10-22; Mateo 15:20; Lucas 4:16-30; 1ª Corintios 14:26; Santiago 5:13-16; Hebreos 10:23-25; 2ª Corintios 3:17).

Cuando Jesús compartió la cena con los discípulos, realizó cuatro movimientos que hasta el día de hoy constituyen el "patrón básico" para la adoración cristiana en muchos concilios. Según Lucas, con los caminantes de Emaús, realizó cuatro acciones y luego sus ojos fueron abiertos: "Y aconteció que, estando con ellos a la mesa, **tomó** el pan, lo **bendijo**, lo **partió**, y les **dio**." (Lucas 24:30:35; 1a Corintios 11:23-27).

De estas acciones se deriva el orden de la comunión en algunas iglesias cristianas. Las acciones de Cristo enmarcan dramáticamente nuestra historia de redención. Cada acción representa el espíritu que debe caracterizar a cada creyente.

Otra dimensión de la Cena del Señor es que es una fiesta de reconciliación. Como embajadores de ese ministerio de reconciliación (2ª Corintios 5:7ss), nos compete caminar hacia un mundo de desigualdades económicas, y de múltiples actos de violencia contra los pobres y desvalidos. El evangelio nos recuerda que después de la cena con sus discípulos, Jesús compartió con ellos unos himnos y luego "salieron al Monte de los Olivos." ¡Primero de frente a Dios y luego de frente al mundo!

Hace algún tiempo participé en un seminario de capacitación sobre la *Iglesia Como Comunidad Eucarística*. En dicho seminario el ponente luterano hizo una presentación sobre la Cena del Señor como el testamento que nuestro Señor ha entregado en las manos de su familia, la familia cristiana.

Un testamento entra en vigor cuando la persona que lo declara muere. Ese es el momento cuando la familia se reúne para discutir los términos de dicho testamento. La situación ideal es que la familia sea fiel a las peticiones del que deja el testamento, y procure cumplir cada petición con integridad y honrando la memoria de su ser querido.

Nuestro Señor venció la muerte y el pecado; no obstante, antes de morir, deja con sus discípulos un "Nuevo Testamento" en el que les invita a recordarle y recordar su sacrificio de amor por la humanidad.

Ese testamento nos queda como el deseo más sincero de nuestro Señor. Nos llama a celebrar su sacrificio de amor, cada vez que podamos, con la anticipación de que un día habremos de celebrar el banquete pascual con el mismo Señor. (Mateo 26:26-29). El anhelo dominical es que el pueblo de Dios parta el pan y comparta la copa frecuentemente, sabiendo que sus palabras nos fortalecen, y nos comprometen con una misión muy importante en el mundo.

El amor de Jesús nunca ha sido un amor para un grupo selecto, sino que es un amor volcado hacia la humanidad entera. Aun así, no todo el mundo Le corresponde. No todo el mundo se abre a Su amor... no todo el mundo reconoce que necesita de Su amor. Y por eso, no se puede dar lo que no se tiene. La Biblia, dice: "el amor de Dios ha sido derramado en nuestros corazones por el Espíritu Santo que nos ha sido dado." (Romanos 5:5). Para poder recibir y dar el amor de Cristo, primero hay que abrirse a ese amor.

La explicación para no hablar mucho, o celebrar frecuentemente la comunión es que "no queremos que esto se convierta en mera tradición". Sin embargo, sabemos que tanto la comunión como el bautismo marcan la vida de todo creyente para siempre. En una celebración nos unimos formalmente a la familia de Dios, y en la otra celebración crecemos en intimidad con Dios y con nuestros hermanos y hermanas. Estas dos celebraciones son ofrendas de alabanza a Dios (Hebreos 9:11-15; 24-28; 10:10-14; 13:11-15). La eucaristía "es la antesala del banquete celestial, comida espiritual... el lugar donde se encuentra la Iglesia militante, y la Iglesia triunfante..." (Williams, p. 165).

Bendición

Al concluirse la fiesta del Señor, en la mayoría de los casos, la congregación reunida se convierte en la congregación dispersa mediante las palabras de la bendición pastoral.

En primer lugar, la bendición es un momento cuando "reconocemos la presencia de Dios", una presencia que no siempre podemos palpar. Consiste en unas palabras bíblicas o propias donde afirmamos a la grey de Dios. Cada niño, joven o anciano deberán oír una palabra que les recuerda que Dios es fuente de gracia, de salud, de amor y de paz. Es un anhelo porque recibimos todos los beneficios del Señor (e.g. 1ª Corintios 1:2-3; 2ª Corintios 13:14; Efesios 6:24). De acuerdo con un autor, (Underwood, 1993): "El cuidado pastoral que es una verdadera ofrenda es el cuidado pastoral que bendice, y que lo hace personalmente, mediante un ritual, y verbalmente" (p. 132).

En segundo lugar, hay una antigua declaración que dice "ite missa est". Esto quiere decir, "Vayan,... el culto ha terminado". Dentro de un fervor misionero, esta palabras se convierten en "Vayan en la paz de Cristo" (Larere, 1993, p. 40). Lamentablemente, a veces me parece que para algunos estas palabras quieren decir: "al fin hemos acabado... nos podemos ir a la casa. Ya pueden ustedes regresar a sus actividades regulares"; Y claro, ¡cuántas veces yo mismo he querido oír esas palabras finales... después de un culto bien extenso, o de una predicación un poco aburrida! Pero largo o no, aburrido o ameno, la bendición es un paso tan importante como cualquier otro paso que tomamos durante los minutos que pasamos en la Casa de Dios.

¿No es sin embargo este, un tiempo para reintegrar brevemente todo lo acontecido en el culto, para poner en perspectiva nuestro quehacer misionero? La bendición es mucho más que una panacea para librarnos de los malos espíritus. Se trata más bien de una declaración de la fidelidad de Dios, que se extiende aún más allá del ritual. Salimos del santuario, como los discípulos bajaron del Monte de la Transfiguración, para encarar nuevamente la cruda realidad de que el mundo sigue teniendo dolores de parto (Lucas 9:28-37; Romanos 8:22).

La esperanza es que en el santuario hemos pensado en los rostros de los vecinos en sus diversas faenas. Al salir del santuario hacemos el compromiso de participar activamente en la transformación del vecindario con la palabra sazonada del evangelio.

La bendición lleva en sí un profundo sentido de apostolicidad, de vivir la fe profesada en la adoración, especialmente en el lugar donde pasamos la mayor parte de nuestro tiempo, como la iglesia dispersa.

Aún si algunos vivimos muy lejos del templo, la comunidad donde declaramos santa convocación a Dios debe ser el sitio donde el pueblo que adora traduce su fe en obras concretas de servicio, evangelización y justicia.

Al carecer de este contenido misional, repetimos la actitud del pueblo de Israel en el Antiguo Testamento cuyo culto tuvo que ser repudiado por varios profetas por falta de justicia (Isaías 1:17; Jeremías 22:3; 7:1ss; Amós 5). Holocausto, ritos y ceremonias, sin involucrarse en las situaciones reales de la gente, es "religión muerta" y hasta idólatra, porque cambia el objeto del culto, que es adorar a Dios, oír a Dios, obedecer a Dios, honrar a Dios en espíritu y verdad, con toda nuestra mente y fuerzas, y se concentra en adorar el culto mismo, sus artefactos, sus símbolos, sus gestos, sus colores.

Por esta razón, lo que cantamos, lo que leemos, lo que predicamos, lo que confesamos mediante diversos medios debe trastocar la vida del pueblo plenamente. Una actividad que no se da en el vacío. Una ofrenda que un pueblo en particular ofrece a Dios en un lugar particular.

El himno "La misa ha terminado" (*El pueblo de Dios canta*, 1989, p. 111) dice *"ahora empieza nuestra misión de compartir y de pregonar de Cristo el amor"*, la conclusión de la celebración cultural nos pone inmediatamente de frente a nuestra vocación misionera en la esfera pública.

En resumen, la bendición en la liturgia cristiana como el último movimiento de la celebración lleva la tarea restauradora y sanadora de la iglesia a sus consecuencias más radicales: encarnar la fe, mostrar un estilo de vida crítico en todas las esferas de actividad pública, social, económica, y eclesial. Es decir, la bendición tiene que ver con nuestro apostolado como comunidad cristiana y, por ende, con nuestra misión de traer esperanza y palabras de afirmación doquiera nos toque convivir con los demás.

Algunas iglesias escuchan semana tras semana frases que tienen profundas conexiones con el pasado. Por ejemplo, una de las declaraciones más antiguas donde la iglesia proclama su fe se conoce como El Credo de los Apóstoles. Conocido también como el "símbolo de la fe", históricamente se ha usado principalmente en el sacramento del bautismo cristiano, ya que recoge en breve lo que es esencial para quienes siguen a Jesús. En el credo se dice que creemos en la **comunión de los santos**. La frase apunta al hecho de que somos mucho más que una institución, más que una compañía o una empresa; somos un tejido de células vivas, somos gente de carne y hueso, con problemas reales, que bajo la gracia de Dios tenemos el privilegio de invocar su nombre. Por consiguiente, somos una comunidad, una asamblea de personas con historias y aspiraciones particulares. Compartimos un espacio común con otras personas, muchas de las cuales forman esas "otras ovejas que el Señor quiere traer a su redil" (Juan 10:16).

Un día me encontraba en el elevador de un hospital de la ciudad de Lancaster con el propósito de visitar a alguien. En el elevador iba un anciano que hacía tiempo no veía. Cuando se volteó hacia mí, después de dirigirme una sonrisa, me preguntó por la iglesia. Lo interesante es que no usó la palabra iglesia sino que dijo: *"¿Cómo está tu comunidad?"*

Si alguien hubiera escuchado esa pregunta quizás hubiera pensado: Seguro que está hablando del vecindario, las casas, las carreteras… las escuelas, la política… si las aceras están en buenas condiciones o si tenemos luz eléctrica.

Pero de lo que me hablaba este humilde hermano era de esa reunión de personas que comparten semanalmente las historias del evangelio: la comunidad de los amigos y amigas de Jesús.

Este hermano llevaba un letrerito en su pecho que señalaba la iglesia de donde venía, pero ese nombre no era un obstáculo porque su actitud y su saludo eran más fuertes: *"¿cómo está tú comunidad?"*

Celebremos el hecho de que en la adoración hemos hecho una cita con Dios para alabar su nombre. Al mismo tiempo nuestra celebración ha de reconocer los beneficios que ese encuentro ofrece.

En el Salmo 133 se habla de Hermón y de Sión, lugares que el salmista recuerda como lugares de refrigerio físico. Usados en el contexto del salmo, el salmista define la reunión sagrada del culto, como un momento especial en el que Dios mismo suple vida, refrigerio y esperanza a su pueblo. La adoración desemboca en una transferencia de vida. La misma que obtenemos por medio del Espíritu Santo, y la misma que luego comunicamos en la sociedad dentro y fuera del santuario.

Cuando ese hombre y esa mujer que afrontan sus obligaciones cotidianas se unen en alabanza al Creador, deben encontrar en la casa de Dios un momento que ofrezca consuelo y sanidad personal.

Preguntas para la Reflexión

1] ¿A qué nuevos compromisos de renovación litúrgica nos invita este capítulo?

2] ¿De qué manera celebra tu iglesia local los momentos de crisis y los momentos kairós de la feligresía?

3] ¿Cuáles son los elementos de una liturgia sanadora?

4] ¿Qué papel jugó la comunidad adorante en la experiencia de crisis del autor?

5] Después de haber leído este capítulo, cómo interpretas tú la frase "la comunión de los santos".

6] La Tabla 2 puede servir como instructivo para personas a cargo del ministerio de la adoración. Toma tiempo para orar en torno a algún aspecto que se sobresale para ti, y pide al Señor que te dé la oportunidad de trabajar en los lugares donde mejor te desempeñas.

¡SIGAMOS LA FIESTA!

Capítulo 5

"Y saltando, se puso en pie y anduvo; y entró con ellos en el templo, andando, y saltando, y alabando a Dios. Y todo el pueblo lo vio andar y alabar a Dios".

-Hechos 3:8-10

Una de mis alegrías es haber podido estudiar en un seminario teológico. El intercambio de ideas, el descubrimiento de documentos históricos y la diversidad de posiciones doctrinales me brindaron la oportunidad de repensar mi fe y mi compromiso con Jesucristo.

Durante mi primer año en el Seminario Evangélico de Puerto Rico tuve el honor de asistir como estudiante al profesor Olivieri en la clase de coro. Ese mismo año visitamos la ciudad de Nueva York donde entre otras cosas, presentamos un concierto en varias iglesias locales.

Lamentablemente, aparte de esta experiencia coral y otros dos cursos en predicación y adoración, este último en la ciudad de Nueva York, mi preparación profesional es muy parecida a la de muchas otras personas egresadas de instituciones teológicas: carente de herramientas prácticas para los oficios diarios de una congregación. A esta realidad se le añade la escasez de cursos de teología práctica que contengan un enfoque hispano/latino.

Se están cultivando una serie de programas dirigidos a la iglesia hispana/latina, pero aun así es muy pobre la lista de recursos que puedan asistir la tarea del pastor obrero(a) que semana tras semana, busca darle a su congregación dirección en los menesteres del altar, la adoración, la alabanza y el ritual.

Este capítulo ofrece dirección a toda persona involucrada directamente en el ministerio de adoración en la iglesia local: pastores(as), músicos, directores(as) de coro, equipos de liturgia, y otras personas.

Reconocemos la gran escasez de recursos en español en el área de adoración que a su vez respondan a las necesidades de las iglesias hispanas/latinas, principalmente en los Estados Unidos. No podemos avanzar mucho si nuestra propia gente carece de materiales que afirmen el trabajo creativo de nuestras congregaciones. Vemos en todas partes de la nación un gran caudal de ideas, programas, cultos variados, ministerios con jóvenes y niños, que realzan la riqueza artística, musical y espiritual del pueblo hispano.

Por eso, es sumamente relevante hablar de una *pastoral latina*, primero porque ya se está dando, y segundo porque es necesario seguir fomentando la reflexión y la práctica en este ministerio tan indispensable para la maduración de todo creyente.

Toda pastoral latina debe partir primeramente de la experiencia diaria que vive el pueblo. Sus luchas, temores, aspiraciones, afanes y alegrías deben volcarse en lo que cantamos, predicamos y enseñamos en el seno de la vida congregacional.

Como hemos visto en capítulos anteriores, la liturgia facilita las oportunidades para que la conciencia social de nuestro pueblo encuentre un espacio amplio para la expresión. Vemos algunas de las situaciones críticas que afectan nuestras familias y que exigen intervención pastoral. En otras ocasiones, se requiere una intervención clínica a fin de hacer posible la sanidad integral.

La relación entre el culto y la salud emocional de un pueblo es algo que tenemos que seguir explorando, pero que no podemos dejar de considerar cuando planificamos la experiencia de la adoración pública. Ya hemos visto cuán urgente es que conozcamos el dolor de la gente para poder ofrecer una atmósfera de sanidad y liberación por medio de herramientas litúrgicas apropiadas.

La elaboración de una pastoral de la liturgia requiere una serie de recursos indispensables para el enriquecimiento de nuestra adoración, y por consiguiente, de la misión de la iglesia local.

Espiritualidad y Liturgia

El tema de la espiritualidad está en boga por todas partes, no sólo en círculos religiosos sino también en círculos seculares. Por ejemplo, como parte del tratamiento clínico en muchas agencias sociales comunitarias, se habla de espiritualidad en reconocimiento de los valores y necesidades espirituales que expresan los clientes. Otros buscan respuestas y propósito en ejercicios mentales y físicos de culturas orientales.[1]

Por una parte, debemos sentirnos contentos de que la idea de la espiritualidad haya cobrado importancia en ciertos contextos. Esto permite que iniciemos diálogos sobre la importancia de la fe en la auto-realización de una persona, y en la salud moral de un pueblo o comunidad. Por otra parte, debemos ser extremadamente cautelosos ya que la espiritualidad es el tema favorito de aquellos que promueven la llamada Nueva Era, que en gran manera no es otra cosa que el culto al yo y a la búsqueda de valores religiosos sin ningún interés para la iglesia, la Biblia o el evangelio. Tan es así que, en los mismos lugares donde se le cierra la puerta a la religión organizada, se promueven principios espirituales ausentes de la devoción a Dios.

En el marco de la comunidad de fe cristiana, hablar de espiritualidad involucra una experiencia del creyente en relación con una colectividad. No se trata de un ejercicio de escapismo personal, sino de reflexión y maduración junto a otras personas que sostienen una fe y un compromiso común con Jesucristo.[2]

La iglesia cristiana, lo hemos subrayado en varias ocasiones, ha enfatizado la importancia de una disciplina devocional en particular, que incluye la oración, el ayuno, la lectura de la Biblia y la caridad como medios para desarrollar una actitud de completa dependencia en Dios. Lamentablemente, estos medios se han convertido en el fundamento y el objetivo central de algunos cristianos que perdieron de vista que el punto focal de nuestra devoción es Dios mismo. Aunque en una sola iglesia local pueden darse una multiplicidad de experiencias espirituales, y a su vez una variedad de interpretaciones teológicas sobre la espiritualidad, existen unas tendencias que predominan en una iglesia determinada. Estas rigen en gran manera la forma o formas como los miembros de esa comunidad cristiana expresan su devoción a Dios, especialmente en el culto. Existen al menos las siguientes clases de espiritualidades: evangélica, carismática, social, litúrgica.

Segundo Galilea (1993) escribe sobre la espiritualidad cristiana como una centrada precisamente en la persona misma de Jesucristo. En círculos teológicos se habla del Cristo de la gloria y del Jesús histórico, como formas de estudiar la plenitud de la persona y obra de nuestro Salvador, tanto en su ministerio terrenal, como en su presencia como el Señor que venció la muerte, resucitó y ahora está a la diestra del Padre.

Aunque esta división resulta un poco incómoda para algunos, quiero hacer uso de la misma para que veamos una polaridad que frecuentemente vemos en medio del pueblo cristiano. La espiritualidad de algunos creyentes se concentra en la promesa bíblica de que el Señor regresará por su pueblo para darnos el reino plenamente.

En ese marco, a veces hay prisa para que llegue el final, todo termine y entonces vayamos al cielo. Es muy cierto que nuestra esperanza es verle cara a cara, pero permanecen a nuestro alrededor una gama de situaciones de miseria espiritual, de deshumanización social y moral que requieren nuestra participación activa.

Por otro lado, la espiritualidad de otros creyentes está enfocada en el activismo social y el servicio público. La preocupación es construir el reino de Dios aunque no hayamos hablado con Dios por mucho tiempo. Es decir, se trata de un afán por cambios sociales urgentes. Cambios a veces desvinculados de la formación bíblica de los creyentes.

El Cristo de la gloria es el que anticipamos como iglesia en la asamblea cultual: le sentimos, le hablamos, lo adoramos y le rogamos que venga por su iglesia. Él es la fuente de nuestra contemplación. Es el Cristo vencedor que vive con nosotros, que se mueve en medio de nosotros y que quiere dejarse ver por medio de nuestra vida diaria en todos los círculos donde nos movemos.

El *Jesús histórico* es el que vemos caminando por senderos polvorientos, entremezclándose con la gente sencilla e impartiendo palabras de esperanza, consuelo y sanidad. A este no le faltan las lágrimas, las carcajadas, el agotamiento físico o la indignación ante las injusticias, porque es enteramente humano. Según el evangelio de Juan, *"Y aquel Verbo fue hecho carne y habitó entre nosotros (y vimos su gloria, gloria como del unigénito del Padre), lleno de gracia y de verdad."* (1:14). Dicho en lenguaje popular, por medio de Jesucristo, Dios estableció su casa de campaña en nuestro propio patio, cantó con nosotros, compartió de nuestra comida, y escuchó nuestros cuentos.

Jesús de Nazaret, nacido en tiempo y en espacio, apareció en la historia como ser humano. Esta irrupción constituye la fuente de nuestra misión y la fuerza propulsora de nuestra acción en el mundo que nos rodea. Es el Cristo encarnado que siente y padece, que conoce nuestras ambivalencias, nuestros temores, al igual que nuestras alegrías y anhelos.

Nuestra espiritualidad se centra en la persona misma de Jesús: su ministerio, su muerte y resurrección. Él es el tronco de donde surgimos nosotros, las ramas, para dar fruto (Juan 15). Tanto sus palabras como sus acciones constituyen la base sobre la cual se fundamenta el discipulado y, por consiguiente, nuestra vida de adoración a Dios.

Sin embargo, no podemos separar estas dos dimensiones. El Cristo de la gloria que está a la diestra del Padre, y el Jesús histórico que transita por las calles de Palestina, determinan la calidad de nuestra devoción y servicio a Dios. Centrarse en Jesús significa sostener una espiritualidad que consiste de contemplación y acción; reflexión y praxis; mirar hacia Dios y mirar hacia el prójimo. Se trunca el evangelio y se debilita nuestra posible contribución en la historia si miramos con fascinación al Señor como quien vive en el cielo y ya no en la tierra, de la misma forma que si vemos al Señor enfrascado en nuestras causas humanas, sustraído de poder y autoridad para intervenir milagrosamente en nuestra situación.

En la contemplación, cada creyente medita en la realidad de ser una nueva persona en Cristo (2ª Corintios 5:17) y de gozar de una nueva posición delante de Dios y de la sociedad por medio de la cruz. De ahí surgen hondos sentimientos y emociones que se vierten en la reflexión, la meditación.

En la acción, cada creyente busca ser como Jesús, tratando de adoptar la manera como vivió el Señor. Se enfrenta al riesgo del discipulado para poner en práctica su compromiso en el mundo; su dedicación al quehacer misionero en su contexto. El nuevo testamento habla de seguir en sus pisadas, (1ª Pedro). Por donde pisa el Maestro, han de pisar los que quieren seguirle fielmente. Estas pisadas pueden incluir lo siguiente: perdonar, hacer justicia, dar palabras de ánimo, como también, estar dispuestos a encarar la oposición y hasta la muerte (Lucas 9:23). Veamos cómo estas dos dimensiones se aplican a la adoración en la iglesia local.

Una espiritualidad que parte de Jesús, su persona, sus palabras, su ministerio; su obra vicaria en la cruz significa sencillez de vida, solidaridad con los pobres; significa encontrar su presencia en el rostro de un niño, un anciano o en alguna persona desahuciada por la sociedad (Mateo 25). Esto involucra el camino de la encarnación (Filipenses 2), un camino que nos lleva a renunciar al prestigio y nos invita a aceptar el servicio, el sacrificio y la obediencia como medallas del reino de Dios. Esa espiritualidad se cultiva al mismo tiempo tanto en el ámbito personal, como en el ámbito de la asamblea. La reunión dominical semanal nos encuentra en un proceso de preparación, palabra, respuesta y despedida. Ese proceso litúrgico nos permite participar de una experiencia de crecimiento y de renovación. Una vez terminado el momento del culto, salimos a servir en el mundo donde hemos de ser un continuo sacrificio y alabanza a Dios (Romanos 12:ss).

En el contexto de este capítulo, señalamos la "espiritualidad litúrgica" con el fin de poner en perspectiva nuestra discusión sobre el culto cristiano. Esta clase de espiritualidad es conocida por algunos como "espiritualidad sacramental." Al hablar sobre la piedad que caracteriza a algunos líderes y/o congregaciones, un autor hace alusión a por lo menos siete clases de espiritualidad dentro de la misma fe cristiana (Johnson, 1988). Cada una de ellas presenta una riqueza particular y al mismo tiempo, contiene en sí misma alguna debilidad. Estas son: la piedad evangélica, la piedad carismática, la piedad activista, la piedad académica, la piedad ascética, la piedad oriental y la piedad sacramental.

Refiriéndonos a la "piedad sacramental" en primer lugar tenemos que reconocer que ésta predomina en comuniones cristianas como la Católica Romana, la Griega Ortodoxa, la Anglicana y otras denominaciones que tienen raíces en las mismas. Una de las debilidades de este énfasis es que a veces fomenta,

Una dependencia sobre el ritual que puede convertirse en algo vacío. Cuando muere la liturgia, los adorantes dejan el santuario vacío y hueco. Esta forma de espiritualidad frecuentemente falla al no enfatizar la disciplina personal y un discipulado radical. Tiende a favorecer la formación espiritual colectiva más que la formación espiritual personal." (Ibid, p. 71).

No obstante, la virtud de esta forma de espiritualidad cristiana es que nos invita a reflexionar sobre los misterios de Dios por medio de todos los sentidos. Nos ayuda a contar la historia de la salvación, mediante gestos, símbolos, colores, vestimentas y movimientos en el culto. De esta experiencia sobresale un instrumento que puede ser útil a toda congregación, independientemente de su tradición denominacional.

El Año Cristiano

Una manera como muchas iglesias históricas han desarrollado una espiritualidad centrada en la persona de Jesucristo, es a través del uso del año litúrgico o "año cristiano".

¿Qué es, y cómo se desarrolló el "año cristiano"? Este es un recurso valioso conservado por muchas iglesias y redescubierto por otras.

Mediante un calendario anual, la iglesia tiene la oportunidad de exaltar la persona y ministerio de Jesús de Nazaret, observando los eventos más sobresalientes y significativos de su persona. Es decir, el "ministerio pascual": su pasión, su muerte, su resurrección y su ascensión. Mucho más que una simple recordación, es una experiencia dinámica en la que uno apropia para sí mismo la vida, mensaje y obra sacrificial de Jesús, con la intención de vivirla en el plano de las actividades diarias. Allí, donde nos relacionamos con nuestra familia, el trabajo, el vecindario y la comunidad de fe, es precisamente donde adoramos (Whalen, 1993, págs. 6-8).

Es una manera como *"la iglesia mantiene conciencia del tiempo y recuerda la historia de nuestras experiencias con Dios"*. (Escamilla, 1993).

El **año cristiano** debe sus orígenes a diversas fuentes: la experiencia semanal de adorar a su Señor en medio de un ambiente cultural no siempre amigable hacia la Iglesia Cristiana. Las fiestas religiosas judías y la narrativa bíblica, donde encontramos a Dios moviéndose en la historia y en Su creación. Desde el siglo segundo hasta el siglo dieciséis vemos que el "año cristiano" ha pasado por cambios y reformas graduales hasta alcanzar una etapa de madurez. Al presente le provee a toda congregación cristiana, independientemente de su tradición doctrinal, un medio pedagógico para edificar a la membresía. Recuerdo cómo entre los alumnos del Instituto Bíblico Asambleas de Dios, donde enseñé por varios años, hubo una recepción muy positiva de esta tradición eclesiástica una vez que se les introdujo el tema.

El año cristiano nos puede servir para muchos propósitos: [1] Como guía para esbozar los cultos semanales y el programa de educación bíblico-teológico; [2] Como un proceso de desarrollo espiritual congregacional centrado en la persona y ministerio de Jesús; [3] Como testimonio público sobre el evangelio en una manera sistemática. [4] Sirve de dirección para la devoción personal, y la acción misionera en el mundo.

El año cristiano envuelve dos ciclos (Webber): *el Ciclo de luz y el Ciclo de vida*. El tiempo fuera de estos dos ciclos se conoce como tiempo ordinario (Escamilla, 1993 p. 5).

El Ciclo de Luz (o el ciclo de la navidad) consiste de tres épocas: adviento, navidad y epifanía; *el Ciclo de Vida* consiste de dos épocas: cuaresma, (semana santa) y pentecostés.

Adviento

Marcamos el inicio de este tiempo litúrgico con la llegada de Adviento que quiere decir "venir". Apunta hacia la primera venida de Jesús en Belén y a su regreso en el futuro (Apocalipsis 1:8; 21:5). Es un tiempo para proclamar y celebrar la esperanza; porque Jesús nació en Belén, el mundo puede contar con un sendero de vida eterna. En la época de la navidad obviamente celebramos el nacimiento de Jesús, pero también se nos llama a contemplar, a preparar el corazón.

Navidad

Es la época del Nacimiento, (Lucas 2:1-20). Se nos hace un llamado a unirnos en alabanzas a Dios por darnos el regalo de la salvación en su Hijo Jesucristo. El himno tradicional venezolano, *"Niño Lindo"* recoge el espíritu de adoración de esta época en el que el autor nos hace hablarle directamente al niño Jesús, rededicar nuestra devoción a él y despedirnos de él como se despiden los miembros de una familia cuando tienen que partir (Himnario Mil Voces, no. 114).

Esta época se extiende por doce días. Una oportunidad ideal para exaltar a Jesucristo por encima de la cultura consumerista que nos rodea, y que nos lleva a celebrar de prisa y con superficialidad esta fiesta del pueblo de Dios.

TABLA 3 - TEMAS PARA LA ESPIRITUALIDAD CONGREGACIONAL		
ÉPOCA	**ORIENTACIÓN DEL EVANGELIO**	**ENFOQUE ESPIRITUAL**
Adviento	La venida de Cristo	La entrada de Dios a nuestras vidas con Su poder transformador
Navidad	El nacimiento de Cristo	El nacimiento de Cristo, vida del creyente
Epifanía	La manifestación de Cristo al mundo	Vivir como testigos en el mundo
Cuaresma	La predicación y enseñaza de Jesús	Tiempo para identificarnos con Cristo, para seguirle en todo aspecto de la vida diaria
Semana Santa	La muerte y la resurrección	El arrepentimiento
Pascua	La resurrección	Un tiempo para enfatizar el nuevo significado del nuevo nacimiento
Pentecostés	La venida del Espiritu Santo	Un tiempo para abrisrse al poder del Espiritú Santo

Robert E. Webber. Signs of Wonder, 1992
Traducido y adaptado por Irving Cotto

Epifanía

Seguimos con la Epifanía, que quiere decir "manifestación". En otras palabras, durante esta época la iglesia se congrega para mirar de cerca al Salvador que ahora esta creciendo, sanando, predicando y evangelizando. Como un crescendo en música, la epifanía es un tiempo para reconocer que en la encarnación, Dios se ha dejado ver en nuestra historia, y la humanidad tiene la oportunidad de ir tras ese Dios activo en nuestras experiencias diarias.

Más adelante, en la Tabla 4 podemos ver cómo cada época presenta un tema básico para cualquier iglesia local con algunas bases bíblicas. Además, incluye los diversos colores que tradicionalmente engalanan la época: Adviento (azul o púrpura), Navidad (blanco), Epifanía (verde).

En el ciclo de la vida, (o ciclo de la resurrección) se encuentran tres estaciones litúrgicas: Cuaresma, Resurrección, Pentecostés. Cada estación en este ciclo nos acerca al sacrificio y victoria del Salvador.

Cuaresma

Cuaresma representa la experiencia de Israel en el desierto, la experiencia de Jesús cuando fuera tentado, al igual que la experiencia de Noé y su familia durante el diluvio. Todo esto implica que este es un tiempo para el compungimiento, y para reconocer cómo Dios quiere llevarnos a un proceso de renovación. Es un tiempo para hacer cambios, ajustes y nuevos votos a Dios.

Resurrección

Le sigue la época de la Resurrección, que incluye la Semana Santa como punto intermedio entre esta época y la anterior. Centrada en el triunfo de Jesús sobre la muerte, el pecado y el infierno, esta época nos invita a celebrar la vida nueva, y la esperanza futura de la que goza la iglesia por medio de la resurrección de Jesús.

Pentecostés

Pasamos a la época de Pentecostés que comienza precisamente cincuenta días después del miércoles de cenizas, (sin contar los domingos ya que estos son "celebraciones de la resurrección"). El tema primordial es la venida del Espíritu Santo. Nos da la oportunidad para meditar sobre el poder que la iglesia ha recibido para dar testimonio en el mundo, la obra misionera y la actividad de Dios en medio de la historia. En esta época hay una amplia oportunidad para que los líderes congregacionales planifiquen el programa de la iglesia en torno a la persona del Espíritu Santo, y en torno a la acción pública de la congregación en su propio vecindario.

Los domingos que siguen a cada una de estas seis épocas, en algunas comuniones cristianas reciben la designación de la época en particular, por ejemplo, "primer domingo después de epifanía", o "primer domingo después de pentecostés". El término *"ordinario"* no apunta a la trivialidad, o al aburrimiento sino más bien al espacio que queda entre cada época como domingos que contienen una integridad propia, y que sirven de preparación para la época siguiente. Este tiempo *ordinario* consiste de 33 a 34 semanas, e involucran lecturas bíblicas para cada día (Whalen, 1993).

Como podemos apreciar, este recurso litúrgico nacido de la experiencia y de la reflexión de la iglesia permanece hasta nuestros días, no como una mera invención humana carente de propósito y vitalidad, sino como una herramienta para la formación bíblico-teológica y espiritual de la comunidad.

En la Iglesia El Redentor se ha logrado seguir fielmente al año cristiano. Recuerdo que todo comenzó con un retiro/taller en el cual hice una presentación acompañada de textos bíblicos, resaltando la temática, los colores y símbolos pertinentes, a tono con cada época. Las personas con las que comencé (principalmente mujeres) se habían unido recientemente a nuestra congregación.

Jamás pensé que este programa de capacitación iba a tener el impacto que tuvo sobre estas mujeres y sobre el resto de la congregación. En ese grupo se encontraba una mujer que apenas estaba iniciándose en una nueva experiencia de fe. Meses atrás ella había hospedado un grupo de estudio bíblico y oración en su propia casa. Temerosa de las cosas de Dios, como Lidia en el libro de los Hechos, (16:14-15), escuchaba atentamente junto a otros familiares, inclusive su anciana madre que por primera vez se acercaba al mensaje de la Biblia.

Miembro de otra iglesia por muchos años y en busca de una profunda relación con Dios, paulatinamente abrió su corazón como nunca antes al Señor, y en una de las reuniones confesó públicamente a Jesucristo como su Señor. Los días que siguieron a ese nuevo encuentro con Cristo la llevaron a un nuevo rol en el ministerio de la adoración.

Al cabo de unos meses, su mamá pasó a morar con el Señor, y por primera vez ella tuvo mucho tiempo para asistir al templo y participar activamente en la vida de la iglesia local. ¿Cómo incorporar a esta nueva creyente en nuestra iglesia y a su vez aprovechar su experiencia en su antigua iglesia? Especialmente al saber que traía una amplia apreciación por lo simbólico, lo litúrgico y sacramental, no podíamos pasar por alto toda esa riqueza espiritual.

Lo normal para muchos líderes es ignorar que Dios, en su gracia previniente, se mueve en la vida de hombres y mujeres aun cuando éstos no se dan cuenta. Con cada uno de nosotros se da una larga historia de salvación; Dios nos lleva al Calvario hasta que optamos por entrar en su fiesta.

Conforme fue dando sus primeros pasos en el camino del discipulado, esta humilde hermana y yo compartimos nuestras inquietudes acerca de la necesidad de educar a la iglesia sobre prácticas antiguas en el cristianismo que nos ayudaran a expresar nuestra fe, y a comunicar el evangelio de una manera sistemática. No estábamos hablando del estudio bíblico, ni de la Escuela Dominical. Más bien hablábamos del Culto Dominical.

Esto dio origen a nuestro primer retiro sobre adoración. Del grupo de mujeres que participó surgió un equipo informal dedicado a preparar estandartes para el altar, cambiar los paños litúrgicos según la época del momento, y a poner todo en orden para la celebración de la Cena del Señor. Hasta el presente continúa fiel y meticulosamente en el ministerio del altar. Siguiendo mis instrucciones y al mismo tiempo sugiriendo innovaciones, engalanamos la Casa de Dios para la celebración semanal teniendo siempre presente que se trata de una hora maravillosa cuando parece que la eternidad logra imponerse sobre la temporalidad.

Tanto la oficialidad de la Iglesia, como los que dirigían los cultos, se sentían muy cómodos de haber adoptado el año cristiano como lo normativo cada semana. Por otra parte, reconocimos que sólo habíamos logrado una ínfima parte de todo lo que se puede alcanzar cuando una iglesia se dispone caminar por el sendero de la renovación litúrgica.

Por mucho tiempo hablamos de diseñar un currículo bíblico que estuviese encaminado a fortalecer lo que habíamos logrado con el Culto Dominical. Parte del problema, que no hace fácil esta tarea en muchas iglesias evangélicas, es que no ha sido parte de su tradición denominacional. Además, la costumbre que ha predominado en la comunidad protestante hispana/latina, es la de celebrar selectivamente algunos días importantes, como Acción de Gracias, que aun cuando tiene una temática religiosa, se ha convertido cada vez más en una celebración "secular o "nacional", Navidad a partir de finales de noviembre y la Semana Santa. No cabe duda de que hemos sido bien creativos en estas celebraciones. Dramas, conciertos musicales, campañas evangelísticas, películas, matutinos y cultos bien elaborados se han destacado año tras año para bendición de la comunidad.

Sin embargo, ¿cuánto más sería el beneficio espiritual para la iglesia local y su comunidad, si pudiéramos aprovechar toda la temática del año cristiano y nos ocupáramos de planificar toda la vida de la congregación en torno a sus distintas épocas? Los estudios bíblicos, los sermones, su acción social comunitaria, el adiestramiento de nuevos convertidos, todo podría girar en torno a un programa centrado en la persona de Jesucristo y en un recorrido que incluye símbolos, escritura, himnología, un énfasis interdenominacional y un testimonio de fe que nos uniera a la iglesia universal. Lamentablemente, algunos estamos esencialmente gobernados por la presión del comercio, y no por la gran herencia espiritual de la iglesia. Esto hace que en ciertos momentos nuestro programa congregacional preste más atención a las fiestas nacionales que a la riqueza litúrgica de la iglesia desplegada en las estaciones contenidas en el año cristiano que repasan el testimonio y ministerio del Señor de domingo a domingo.

Cuando una congregación opta por redescubrir esta valiosa herencia se abre su imaginación a nuevas clases de programas que en ninguna manera le restan al fervor o la espontaneidad del culto, ni cancelan su tipo espiritualidad.

Fue preciso ver cómo después de un año de reuniones con los líderes de la Iglesia El Redentor, en las cuales enfatizamos la importancia del año cristiano, los mismos líderes empezaron a expresar un creciente interés e iniciativa por el desarrollo de actividades con un mayor sentido litúrgico y simbólico. Recuerdo vívidamente la alegría y la anticipación que había en la atmósfera cuando apartamos una noche de jubileo para adornar un árbol de navidad con temas cristo-céntricos. (En el mundo de habla inglesa este árbol se conoce como **"chrismon tree"**. Esta es una palabra creada de "CHRISt" y "MONogram").

La tradición que sostiene esta práctica es la referencia a Isaías 11:1, donde se anticipa la venida de un mesías, *"saldrá una vara del tronco de Isaí; un vástago retoñara de sus raíces".* Esa noche la iglesia El Redentor estaba ocupada en colocar adornos sobre el árbol, participando de cantos, oraciones y lectura y un tiempo de refrigerios después de la actividad.

Después de tres años, la membresía ya se había acostumbrado al culto del *miércoles de cenizas,* en el que se marca el inicio de la cuaresma. Esta celebración fue una sorpresa para las personas que nunca antes habían sido parte una iglesia local. Inclusive, muchos hermanos metodistas unidos que habían sido parte de la congregación por algún tiempo, desconocían esta celebración como parte de la vida de una congregación evangélica.

Usualmente, esta celebración incluye una oración de consagración en la que usamos cenizas para representar nuestra mortalidad humana, nuestra tendencia hacia el pecado y nuestra urgente necesidad de la gracia de Dios.

Al imponer las cenizas decimos, *"recuerda que eres polvo y al polvo regresarás".* Se leen pasajes bíblicos donde exaltamos la obra redentora de Cristo.

Durante el sábado de gloria, comenzamos a celebrar un retiro espiritual. Un año en particular, el enfoque del retiro giró en torno a la frase antigua del Credo de los Apóstoles, *"descendió a los infiernos".* Hicimos hincapié en la extensión de la obra de Cristo que no sólo cubre el mundo de los vivientes sino también el mundo de aquellos que ya culminaron su tiempo sobre la tierra.

Esta frase encuentra una base bíblica en 1ª Pedro 3:18 donde dice que, *"Cristo padeció una sola vez por los pecados,... y en espíritu fue y predicó a los espíritus encarcelados, los que en otro tiempo desobedecieron cuando una vez esperaba la paciencia de Dios en los días de Noé..."*

Aunque sabemos que la frase no aparece en todas las versiones del credo apostólico no obstante, recoge una perspectiva muy rica. Provee una afirmación sobre la extensión del amor incondicional de Dios que nos alcanza a todos los niveles, y permea la historia, el universo, la creación, a todos los seres humanos presentes y pasados con su bendita misericordia.

Ciertamente, el redescubrimiento de la gran herencia litúrgica cristiana puede ofrecer un despertar espiritual. En muchas iglesias hispanas/latinas ya se está dando ese despertar. Estas son iglesias que buscan conocer a Dios en la profundidad de la oración, el ejercicio de los dones del Espíritu Santo (Efesios 4, Romanos 12, 1ª Corintios 12; 1ª Pedro), en medio de la asamblea semanal, y simultáneamente, han querido penetrar al vasto testimonio espiritual preservado en ciertas costumbres litúrgicas, nacidas de la experiencia y de situaciones particulares en la Iglesia Cristiana a través de las edades.

Espiritualidad Hispana

Como ya sabemos, la hora del culto involucra un lugar específico, en un momento determinado, con una gente en particular; se trata de un proceso bien específico, dentro de un contexto específico.

Ese momento contextual incluye un idioma, unas costumbres, unas situaciones de crisis o de triunfos, unos valores y una manera de interpretar la realidad social. Por eso, no podemos ignorar el papel que juega la cultura o culturas de la audiencia que se reúne en la casa de adoración.

Los latinos manifestamos una gran variedad en cuanto a nuestra interpretación y proclamación de la fe cristiana. Pero aun así, hay algunas características que forman parte de la experiencia de la gran mayoría de hispanos/latinos, católicos, protestantes, pentecostales o carismáticos; contamos con un amplio tesoro cultural que nos identifica como pueblo. Para que nuestra adoración sea íntegra no sólo debe ser Bíblica y Cristocéntrica, sino que debe reflejar la identidad cultural del pueblo que adora.

Colores en el Culto Público

Desde sus comienzos, el cristianismo, al igual que otras religiones vivas, ha expresado su mensaje y sus ideales por medio de símbolos visuales.

El uso del color para adornar el lugar de la adoración tiene como motivación principal el deseo de darle dignidad al culto. Para el siglo doce, el color cobró un significado específico en la celebración cristiana (Davies, J.J. ed., Dictionary of Liturgy and Worship. 1986).

Sin embargo, se dice que por más de 300 años los protestantes, en su gran mayoría, rechazaron el uso de colores relacionados con las estaciones del año. Para muchas iglesias, el uso de paños blancos era suficiente para adornar el altar. ¿Para qué sirve el color en el culto público?

[1] Los colores estimulan la vista y nos ayudan a entender la fe.

[2] Los colores nos permiten ser creativos (estandartes, adornos, flores, vestimenta del pastor y los que participan en el culto).

[3] Los colores nos permiten testificar de Cristo y la ocasión.

¿Cuáles son los colores para el culto cristiano? En primer lugar, existen algunas variaciones de iglesia a iglesia. Hay una variedad de colores que no siempre se utilizan. Los colores básicos son: azul, blanco, verde, púrpura, negro y rojo.

Miremos la tabla que aparece adelante:

TABLA 4 - LOS COLORES LITÚRGICOS BÁSICO			
COLOR	SIGNIFICADO	ÉPOCA	BASE BÍBLICA
Azul	Preparación	**Adviento:** Venida de Jesús	Mt. 24:37-39
Blanco	Pureza, luz, nacimiento de Jesús	**Navidad:** Nacimiento de Jesús	Jn. 8:12
Verde	Esperanza	**Epifanía:** Dios se manifiesta en Jesús	1 Cor. 5:18-19
Púrpura	Penitencia, Luto	**Cuaresma:** Preparación de Jesús	Mr. 15:17
Negro	Tristeza, dolor	**Viernes Santo:** Muerte de Jesús	Mr. 13:33-39
Blanco o Dorado	Vida, celebracieon, alegría	**Resurección:** Jesús vence la muerte	Jn. 20:1-18
Rojo	Entusiasmo, Martirio	**Pentecostés:** Venida del Espíritu Santo	Hch. 2:1-4

Cada color significa algo y representa una época específica en el calendario cristiano. Los colores en el culto cristiano asisten nuestra adoración, ya que apelan a los sentidos junto con la música, la predicación, la danza litúrgica y otros recursos.

Entonces, adoremos a Dios buscando siempre hacer lo mejor para embellecer tanto el lugar de la adoración como también la manera en que nos acercamos para adorarle. Los colores son parte de la creación. Dios los ha dado para apreciarlos y para experimentar una plenitud de emociones.

"Y todo lo que hagáis, hacedlo de corazón; como para el Señor y no para los hombres." (1ª Corintios 10:31)

Usemos nuestra creatividad para producir buenas cosas para Dios. Todo nuestro ser debe responder a su inmensa gracia: nuestra voz, nuestras manos, nuestros oídos y también nuestra vista.

El Ministerio Musical Congregacional

La fiesta que celebramos en la casa de Dios estaría profundamente incompleta sin la música. Particularmente en la iglesia hispana/latina, porque allí se canta mucho e impera un deleite al exaltar el nombre de Aquel que le ha dado sentido a nuestra existencia. En medio de los conflictos y las adversidades que nos aquejan como pueblo, hemos aprendido a cantar al Señor en tierra extraña. Hemos aprendido a darle honor y gloria a Dios, aun cuando en las calles de la ciudad se impone una atmósfera antagónica.

De acuerdo con Kuen (1992) "la música desarrolla en el creyente las facultades que Dios le ha dado y contribuye a su crecimiento y equilibrio"(p. 46). La Biblia nos exhorta a que rindamos cánticos espirituales, salmos, himnos al Señor como expresión de nuestra gratitud, y bajo la convicción de que estas expresiones agradan a Dios (Salmos 69: 30-31; Efesios 5:19-20; 1ª Tesalonicenses 5:18).

Entre otras funciones de la música en la vida de la iglesia, podemos destacar cuatro:

[a] Expresar agradecimiento a Dios
(1ª Crónicas 16: 23-33; Salmos 81: 1-2; 98: 5; 147:7).

[b] Edificar la comunidad cristiana (Colosenses 3:16).

[c] Comunicar el Evangelio (Hechos 16: 25-38).

[d] Facilitar el desarrollo integral de la persona
(1ª Corintios 6: 19-20).

El ministerio musical en la iglesia local ha sido una parte central de mi vida desde que tengo uso de razón. Luego, en mi iglesia de procedencia, tuve la bendición de participar en coros, dúos, tríos, agrupaciones juveniles. El día que me inicié como uno de los pianistas de la iglesia, comenzó una trayectoria que no ha finalizado hasta el día de hoy.

Puedo apreciar el ministerio del músico congregacional porque me siento como uno de ellos. Por espacio de treinta años, antes de subir al púlpito, he ministrado detrás de un piano eléctrico integrado a un sintetizador, rodeado de instrumentos de percusión, y dirigiendo junto a la persona encargada de dirigir el culto y la persona encargada de dirigir el canto. No sólo he tomado un rol activo en el ministerio de la música, sino que además me he propuesto animar a otros para que tomen lecciones, o utilicen en la iglesia el talento que Dios les ha dado.

Con frecuencia los músicos sentimos que nuestra aportación no se toma en serio. Varios ejemplos vienen a mi mente. Los presupuestos de muchas iglesias reflejan poco compromiso con este ministerio tan crucial para el desarrollo del pueblo de Dios. Un piano dilapidado, un sistema de sonido mediocre y músicos voluntarios que nunca ascienden a una posición remunerada. A menudo he estado en reuniones nacionales donde se celebran varias experiencias de adoración. Se ha hablado con el predicador o predicadora con mucha antelación. Los programas para el culto están debidamente impresos, y la persona que va a conducir los cantos ya ha sido notificada.

A última hora se hace un llamado para que algún músico ofrezca sus servicios, ya que no han podido encontrar a alguien que acompañe los himnos o cánticos para la liturgia, o simplemente no se tomó en consideración la necesidad del ensayo previo a la ocasión. Gustosamente he accedido cientos de veces, y creo que lo haré en ocasiones futuras porque siento que el don de Dios que he recibido ha de compartirse con la comunidad de fe que adora al Señor. No obstante, reconozco que tenemos que seguir creando conciencia sobre la urgencia de seguir educando a las iglesias locales para que haya un mayor respaldo a la tarea sagrada que ejercen los que cantan, dirigen, e interpretan alabanzas a Dios por medio de instrumentos musicales.

¿Cuán Importante es el Ministerio Musical?

El ministerio musical opera dentro del propósito general de la iglesia: (Éxodo 3:12; Efesios 1:10; 1ª Pedro 2: 4,9,10; Hebreos 13:15). Junto a la educación cristiana, la predicación y el asesoramiento pastoral, la música en la iglesia "rinde un ministerio y un servicio al Cuerpo de Cristo" (Witt, 1995, p. 47).

A pesar de que en todas partes escuchamos alusiones a versos bíblicos que hablan de los diversos ministerios que el Espíritu ha repartido a la comunidad de creyentes, siempre hay quienes exaltan sus llamados y vocaciones ministeriales o minimizan la importancia y función de los otros dones que se requieren para realizar la misión del reino en el mundo. En el caso del músico a veces nos preguntamos: ¿Qué se espera de mí cómo músico en esta iglesia? ¿Cuál es mi identidad como ministro del Señor? ¿Cuáles deben ser mis responsabilidades en la adoración? ¿Cuánta libertad tengo para desarrollar mi talento, para opinar sobre el orden del culto, y para embellecer el canto congregacional con arreglos y arpegios?

Yo sé lo que es el poder de la palabra predicada. Cada frase, cada imagen, cada gesticulación comunica la verdad de Cristo a los corazones.

De igual manera, la consejera pastoral, el educador de teología, trasmiten sus ideas, bajo la asistencia e inspiración del Espíritu con miras a insuflar vida en la audiencia.

Los músicos sabemos que las notas que se interpretan o se cantan son herramientas poderosas que inspiran a quienes escuchan. Tanto en el preludio o el posludio, como en el período de alabanzas o cantos especiales, sabemos que hemos tenido que ver con ciertos resultados en el culto: Una congregación que se sumerge en un silencio de soliloquio y de diálogo con el Eterno; un predicador inspirado que va refrescado ante su grey para hablar de la esperanza; un inconverso que considera el mensaje de la cruz quizá por primera vez y termina postrado en el altar mientras se oía música instrumental; una familia herida que puede llorar; un niño que baila al ritmo de los himnos en los atrios del templo.

Trágicamente, en conversaciones que he tenido con músicos e intérpretes de la canción cristiana en el mundo hispano/latino, la opinión general es que todavía hay mucho por hacer para que se reconozca que la fiesta del Señor exige una afirmación de nuestros músicos que semanalmente sacrifican horas para el ensayo, el perfeccionamiento, y la ministración ungida.

Aunque un poco categórico, Kuen (1992) afirma que hasta este momento,

> *"la música no ocupa el lugar que le corresponde ni en el culto, ni en la vida de la iglesia, porque no se cree necesario darle más tiempo y lugar. Nunca se nos ha enseñado acerca del lugar que ocupa la música en la Biblia, y de la función que tiene que desempeñar en la vida de Cristo y en la vida de la Iglesia"* (p. 135).

En 1ª y 2ª de Crónicas encontramos información sobre la vida cúltica, el sacerdocio y la música del pueblo de Israel. Músicos, cantantes, directores de alabanza, se enriquecen cuando toman algún tiempo para estudiar estos libros.

En el ministerio del templo había personas encargadas propiamente del altar, y otras ocupadas con otros menesteres indispensables para la adoración colectiva (2ª Crónicas 5:12-14; 6:31, 33, 39, 44; 9:33; 15:22, 24, 27; 16:4-6, 37, 40, 41-42; 23: 3, 5; 25:1,6, 7, 8; 2ª Crónicas 11:4; 29: 26-30; 35:15). Básicamente el ministerio sacerdotal de servicio en el templo consistía en tres grupos: **porteros**, (2ª Samuel 18:26; 2ª Reyes 7:10, 1ª Crónicas 9:21; 2ª Crónicas 8:14); **cantores**, (1ª Crónicas 9:33; 15:16, 22, 27; 2ª Crónicas 5:12; Esdras 2:70; 7:7), y **servidores**, (Esdras 2:20; 7:7, 24; Nehemías 7:73; 10:28). Cada una de estas personas jugaba un papel sumamente importante en ofrecer a Dios un ministerio de excelencia. Todos estaban llamados a ejercer roles específicos, usar vestimentas apropiadas para el culto, participar en los procesionales que daban comienzo al servicio de adoración. Además, su vida interior debía ser cultivada. Debían estar sometidos a la autoridad y a la dirección de Dios.

El culto debiera proveer un lenguaje, unos símbolos, que ayuden al pueblo a encontrar significado y propósito a sus vivencias, luchas y aspiraciones.

Lo que dice Van Deusen Hunsinger (1995) sobre el asesoramiento pastoral, pudiéramos decirlo de una liturgia pastoral. Su perspectiva es que quienes realizan esa labor necesitan ser interdisciplinarios. Se requiere ser "bilingüe" en otro sentido: en nuestra habilidad para poder hablar el lenguaje eclesiástico y el lenguaje popular (p. 5).

Los músicos, los directores y directoras de adoración, y los teólogos litúrgicos tienen la enorme responsabilidad de ampliar su conocimiento de otras disciplinas aleatorias a su trabajo. No solo deben conocer el pentagrama, sino la realidad contextual en que vive inmersa la gente que constituya la comunidad adorante.

¿Qué debemos pues, esperar del músico cristiano? *¡Que ministre! ¡Que ministre y que no actúe!* Su participación en la adoración no es meramente un elemento decorativo o una presentación artística. Es mucho más que eso. Se trata de una actividad que ayuda a la congregación en el ofrecimiento de "sacrificios de alabanzas aceptables a Dios" (Hebreos 13:15; 1ª Pedro 2:5). Debe recordar que lo que posee en términos de su preparación, talento y experiencia viene de las manos de Dios. La fiesta cristiana es una ofrenda al Dios de nuestra salvación. Cada participante en la fiesta ha sido invitado y tiene algo para embellecer el momento. Los músicos tienen el gran peso y la responsabilidad de producir el ambiente adecuado para que el pueblo se concentre en Dios.

Recordemos al pueblo de Israel que se encontraba bajo el abuso y maltrato de Faraón. Dios envió a Moisés con una petición especial delante del Faraón: "Deja ir a mi pueblo, para que me celebre una fiesta en el desierto" (Éxodo 5:1). Faraón no aceptó tal cosa. Para él, el destino del pueblo de Dios era fortalecer su imperio, y vivir como esclavos. Pero, Dios tenía en mente otros planes. Su pueblo había sido formado para rendirle tributo y proclamar sus proezas en la tierra.

Ni Faraón ni ninguna otra fuerza pudieron impedir que los anhelos de Dios por la alabanza de su pueblo se hicieran realidad. Cuando Faraón creyó tener la última palabra, Dios prometió que llegaría el día de la liberación, (5:3). Después de cuatrocientos años de opresión y servidumbre, Dios cumplió su palabra. Y habiendo terminado la celebración de la pascua, "aquel mismo día sacó Jehová a los hijos de Israel de la tierra de Egipto por grupos" (12:50).

Como músicos formamos parte de aquellos sobre quienes se ha puesto la enorme responsabilidad de cultivar nuevas actitudes delante de Dios. En la música que interpretamos, en los cantos que seleccionamos, en la ministración que realizamos, busquemos llevar al pueblo a nuevos encuentros con su Señor. Hay presiones y fuerzas contrarias que abruman el corazón del creyente, pero el estar en la casa de Dios resulta en cambio de actitudes, nuevas disposiciones del corazón, nuevos entendimientos sobre la voluntad de Dios para nosotros. En las palabras de Witt (1995),

> *Como sacerdotes y salmistas del nuevo pacto, esta es también una de nuestras tareas, dirigir a la gente al reconocimiento de la grandeza de nuestro precioso Señor Jesús, por medio de su Espíritu Santo, para que en ese lugar de reconocimiento pleno de Su presencia, El nos puede hablar, cambiar, redargüir y moldear de acuerdo a su plan y propósito eterno."* (p.34)

Finalmente, la experiencia de los años como pastor y como músico me han enseñado que hay una serie de responsabilidades que son impostergables para quienes han sido llamados al ministerio musical. De cumplir con las mismas, no sólo se cultivan buenas relaciones con la congregación y el equipo pastoral, sino que nos hacemos más sensibles a la dirección del Señor, quien después de todo, es el objeto primordial de nuestra fiesta litúrgica:

[1] Deben reconocer que es necesario que haya un "orden en el culto" (1ª Pedro 4:10-11; Ezequiel 28: 12-15; 1ª Corintios 14:40). En la puntualidad, en la vida devocional disciplinada y en la actitud de humildad, el equipo musical hace una extraordinaria aportación a la salud y bienestar de la congregación. Sin que esto signifique que están coartados para expresar su visión acerca de su ministerio, el equipo musical vive para servir antes que nada al Señor y a su pueblo.

[2] Deben trabajar en equipo. Como pastor y músico, he visto cuán beneficioso es que ujieres, liturgistas, coristas y directores del culto tengan un sentido de camaradería. El pueblo experimenta una atmósfera de libertad para adorar

a Dios. En cambio, cuando todo parece ser una anarquía, ya sea porque no hubo ni planeamiento ni coordinación, y mucho menos diálogo sobre el evento cultual de la hora, a lo largo del servicio de adoración la inseguridad de quienes conducen el culto se transfiere al resto de la congregación.

[3] Deben ocuparse en dar lo mejor a Dios (Salmo 33:3). Como latinos, no cabe duda de que somos genios de la improvisación espontánea. Pero, ¡mucho cuidado! Nuestra labor no es otra cosa que dirigir la actividad humana más importante bajo el sol: detenerse para rendir loores al Rey del Universo (Salmo 24:1ss). ¿Cómo podemos aplaudir a ese músico que nunca ensaya, que se despreocupa por afinar bien su instrumento, o que se conforma con operar simplemente al nivel de mediocridad?

¿Recuerdas tú a María, la hermana de Marta y de Lázaro? (Marcos 14: 23-29; Juan 12:1-8). A ella, sin importarle el rechazo social, ni el qué dirá de la gente, sólo le importó una cosa: complacer a su Señor. Y por eso se suelta el cabello, quiebra una botella de perfume costosísimo y luego comienza a enjugar los pies del Señor.

Imagínese cuál fue la reacción del público. Los vecinos, los discípulos. Uno de ellos vio esa acción como un verdadero despilfarro de dinero. Pero el Señor la catalogó como buena, y digna de comentarse en todas partes. Y *bueno* quiere decir, correcto y a la misma vez, hermoso. ¡Al maestro hay que darle lo mejor!

Tenemos que estar dispuestos a "quebrar nuestra botellita". Ya sea esta la inseguridad, la ociosidad, la rebeldía o el corazón dividido. Todas estas cosas interrumpen nuestro potencial para realizar un ministerio musical y litúrgico de excelencia para el Señor. Cuando nos dedicamos al ensayo, al crecimiento espiritual personal, a la participación activa con la iglesia, y a mantener un espíritu de colaboración con el equipo pastoral, entonces nuestro musical, al igual que en aquella ocasión, "llena la casa del olor del perfume." (Juan 12:3). Nuestras vidas son esas botellitas que necesitan quebrarse para que otros puedan olfatear el olor a Dios, y eso incluye la música que expresamos en el culto, como también el testimonio que damos en palabra y ejemplo en la esfera pública (2ª Corintios 2:14).

[4] Deben ser sensibles al Espíritu en unión a la iglesia (Juan 4:24; 1ª Corintios 3:17). Vivimos bajo la autoridad y la libertad. Somos agentes autónomos en el sentido de que tenemos conciencia propia y tomamos decisiones en muchas cosas en nuestro diario quehacer. De la misma manera, en la vida de una congregación dejamos sentir nuestros estilos y gustos personales. Ofrecemos diversos matices en la interpretación de la música sagrada. Algunos tenemos más conocimientos formales que otros. Pero al final de todo, somos instrumentos en las manos de Dios. Quien cambia los corazones, quien hace posible la comprensión del evangelio, es el Espíritu de Dios. Y es por eso que no podemos darnos el lujo de querer rendir un ministerio con la concepción de que todo depende de nuestro arte y de nuestra sabiduría. Tarde o temprano saldrán a la luz la falsedad y lo incorrecto de nuestra posición.

[5] Debe estar activo en la vida de la congregación. Ellos o ellas también necesitan que la iglesia les ministre y les forme como creyentes (Hebreos 10:23-25). Junto a los demás servidores o servidoras del altar, los músicos y cantantes tienen la dicha de inspirar a otros. Pero, hay un peligro, ¿Quién nos ministra? ¿Quién nos socorre cuando andamos secos y en necesidad de las aguas cristalinas

FIESTA EN LA CASA DE DIOS
de la gracia de Dios? A veces no hay quien se ocupe de nosotros. En otras ocasiones, quizá en la mayoría de los casos, nos dejamos seducir por lo atractivo que es llenar las necesidades de otros y callar las nuestras. ¡Qué hermoso que otros hermanos y hermanas puedan orar por sus coristas y directores musicales! ¡Qué esperanzador que la iglesia mantenga una cadena de intercesión por aquellos que ministran en el altar!

Deben ser sensibles a la unción de Dios en sus vidas (Hechos 16:23-34). Algo que últimamente se ha convertido en tema de interés para personas de diferentes orientaciones doctrinales es que Dios derrama su poder sobre sus hijos e hijas por la misión de la iglesia. Por ende, cada músico, cantante o liturgista, cada coro, equipo de adoración, así como también los que realizan ministerios dramáticos o de pantomima, hacen bien en recordar que sus palabras, gestos y sonidos podrán calar en el corazón de la audiencia que tiene hambre de Dios, en tanto y en cuanto nos hagamos susceptibles a la obra del Espíritu de Dios en nosotros. Como Jesús, tenemos que ir al desierto (Mateo 4) para cultivar en nuestros corazones una actitud de dependencia absoluta y de entrega sincera al Señor.

[6] Debe cuidar sobre todo su vida personal, familiar y financiera (Colosenses 3: 16-17). ¡Si hoy se ridiculiza a la iglesia y sobre todo a aquellos que se involucran en ciertos ministerios artísticos, se debe precisamente a los escándalos que se han hecho notorios en la televisión y otros medios de comunicación. Somos cartas abiertas al mundo (2 Corintios 3: 3) llamados a ser ministros del Espíritu, y no meramente de palabras huecas y sustraídas de integridad moral. Por eso, es vital que la familia o nuestra red de apoyo más cercana, siempre sean una prioridad insustituible en nuestra agenda semanal.

[7] Debe cultivar una actitud de siervo y no de ser servido (Romanos 12:1-8; Filipenses 2:5ss). No es tan fácil modelar el kenosis (autovaciamiento) de Cristo en nuestras vidas. Preferimos ser notados, aplaudidos, condecorados, antes que ser olvidados, suplantados, o llamados a ocupar el segundo lugar.

En años recientes he visitado la Iglesia El Redentor y he participado en su celebración dominical. Obviamente, se han añadido nuevos cantos, y algunas cosas han cambiado considerablemente desde que salí de Lancaster. Sin embargo, la iglesia mantiene su fervor y ha fortalecido su equipo de alabanza y adoración. Se han añadido programas y se ha añadido un culto en inglés que responde a una nueva audiencia.

Vista parcial de la Congregación "El Redentor"
en Lancaster, Pensilvania.

¡No obstante me alegra saber que adoran en "espíritu y en verdad" y que adoran con el mismo gozo y entrega que siempre les ha caracterizado! Una afirmación de que la adoración es mucho más que un programa con el que hay que cumplir. Es una forma de vida, como decía Juan Wesley al referirse a la fe, "una disposición del corazón."

La fiesta en la que ministramos es la fiesta del Señor con su pueblo. Ésta obviamente, nos incluye a ti y a mí, pero sobretodo coloca a los más desafortunados de la sociedad en un lugar especial de misericordia y aceptación. En adición, por encima de nuestra creatividad, imaginación, talento, y compromiso con la liturgia cristiana en la fiesta del Señor, la gloria y la honra pertenecen completamente a Dios quien nos ha convocado a su banquete (Lucas 14:13). Por lo tanto, junto al cojo que fuera sanado en la hermosa, saltemos, cantemos, y alabemos a Dios. ¡Sigamos la fiesta!

Preguntas para la Reflexión

1] ¿Qué nos enseña este capítulo?

2] ¿Qué dimensiones de la espiritualidad se manifiestan en la adoración de tu iglesia local? ¿Cuáles son sus implicaciones para el pastor o pastora en su rol sacerdotal?

3] ¿Cuáles son algunas de las ventajas de seguir el año cristiano en su iglesia local?

4] ¿Qué consejos ofrece el autor para quienes integran el ministerio musical? (instrumentalistas, vocalistas, etc.)

5] ¿A qué se refiere el autor cuando nos dice que "se requiere ser bilingüe", en el ministerio de la adoración?

6] Dialoga con otra persona acerca de cómo la liturgia puede ser un instrumento de transformación en la vida del creyente.

7] Como participantes en la adoración, ¿qué debemos hacer para fortalecer la fiesta del Señor?

8] Describe brevemente una teología para el ministerio musical de la iglesia local?.

REFERENCIAS

Badillo, P. F. (1977). Himnario Criollo. Argentina: Ediciones Ferba.

Bañuelas, A. J. (1995). "U.S. Hispanic Theology." Mestizo Christianity: Theology form the Latino Perspective. New York: Orbis Books.

Barclay, W. (1995). El Nuevo Testamento Comentado. Vol. 3 Buenos Aires: Editorial La Aurora.

Bradshaw, P. F. (1992). The Search for the Origin's of Christian Worship: Sources and Methods for the Study of Early Liturgy.

Brown, R. E., Fitzmyer, J. A., & Murphy, R. E. (1990). The New Jerome Biblical Commentary. New Jersey: Prentice Hall.

Brueggeman, W. (1988). Israel's Praise: Doxology Against Idolatry and Ideology. Philadelphia: Fortress Press.

Cotto, E. (1996). "The UCC as a Multiracial/Multicultural Church: A Latino Response". En UCC National Urban Network News. 3 (1): 11.

Clebsch W. A., Jaekle, C. R. (1964). Pastoral Care in Historical Perspective: An Essay with Exhibits.

Dahood, M. (1968). The Anchor Bible. (Vol. 17) New York: Double Day & Company.

Dareno, M. A. (1992). La Adoración: análisis y orientación. California: DIME.

De Jesús, J. A. (1989). The Liturgy of Learning: An Approach to Whole Church Education: A Resource Paper on the Local Church as a Setting for Education. Ohio: United Church of Christ Resourses, Inc.

Dix, Dom Gregory (1945) The Shape of the Liturgy. Continuum.

Elizondo, V. (1983). Galilean Journey: The Mexican-American Promise. Maryknoll, New York: Orbis Books.

El Pueblo de Dios Canta. (1989). USA: Augsburg Fortress.

Esquilín, M. (1995). El despertar de la Adoración. Miami: Editorial Caribe.

Emminghaus, J. H. (1997). The Eucharist: Essence, Form, Celebration. Collegeville, Minnesota: The Liturgical Press.

Festejamos juntos al Señor: Libro de celebraciones de la Iglesia Evangélica Metodista en América Latina. (1989). Buenos Aires: Ediciones La Aurora.

Francis, M. R. (1991). Liturgy in a Multicultural Community: American Essays in Liturgy. Collegeville, Minnesota.

Galilea, S. (1993). El Seguimiento de Cristo. Bogotá, Colombia: San Pablo.

González, J. L. (ed.) (1996). ¡Alabadle! Hispanic Christian Worship Nashville, Abingdon Press.

Himnario Metodista. (1973). Nashville, Tennessee: The United Methodist Publishing House.

Hunsinger, D. V. D. (1995). Theology & Pastoral
Counseling: A New Interdisciplinary Approach.
Grand Rapids: William B. Eerdmans
Publishing Company.

Jungmann, J. A. (1962). Pastoral Liturgy. New York: Herder
and Herder.

Kuen, A. (1992). La Música en la Biblia y en la Iglesia.
Barcelona. Libros CLIE.

Lathrop, G.W. (1993). Holy Things: A Liturgical Theology.
Minneapolis: Augsburg Fortress.

Larer, P. (1993). The Lord's Supper: Toward and Ecumenical
Understanding Of the Eucharist. Collegeville,
Minnesota: The Liturgical Press.

Mackay, J. A. (1932). The Other Spanish Christ. New York:
MacMillan.

Mil Voces Para Celebrar: Himnario Metodista (1996).
Nashville: Tennessee: The United Methodist
Publishing House. Oden, T. C. (1987)

"Ministry Through Word & Sacrament" en Classical Pastoral
Care, (vol. 2) Grand Rapids: Baker Books.

Radillo, R. (1985). "The Migrant Family" en Apuntes.
Año 5 (1) Primavera. (2007) Cuidado Pastoral:
Contextual e Integral, Libros Desafío,
Grand Rapids, Michigan.

Rodríguez, J. (1995). Cruce de Caminos. Philadelphia:
Editoral Agenda Hispana.

Sandoval, M. (1995). "Hispanics in the United States: Between Conquest And Liberation". En <u>Dialogue Rejoined: Theology and Ministry in the United States Hispanic Reality.</u> Collegevile, Minnesota. The Liturgical Press.

Schweizer, E. & Díez-Macho, A. (1974). <u>La Iglesia Primitiva: Medio Ambiente Organización y su Culto.</u> Salamanca: Ediciones Sígueme.

Sosa, P.D. (1988). <u>Todas las Voces: Taller de Música y Liturgia en America Latina.</u> Costa Rica: Ediciones SEBILA.

Soto-Fernández, S. (1982). <u>"Predicación y Cultura": "El Legado de la Tradición Hispánica".</u> Predicación Evangélica, Teología Hispana. San Diego, CA: Publicaciones Las Américas.

Sluzki, Carlos E. (1979). <u>"Migration and Family Conflict"</u> en Family Process. 18; (4) December.

<u>The Didache or the Teaching of the Twelve Apostles.</u> (1982). Greenville, VA: Barney Ovensen

Underwood, R. (1993). <u>Pastoral Care and the Means of Grace.</u> Minneapolis: Augsburg Fortress.

Van Oslt, E. H. (1991). <u>The Bible and Liturgy.</u> Michigan: William B. Erdmans Publishing Company.

Volz, C.A. (1990). <u>Pastoral Life and Practice in the Early Church.</u> Minneapolis: Augsburg Fortress.

Von Allmen, J.J. (1968). El <u>Culto Cristiano: Su Esencia y su Celebración.</u> Salamanca: Ediciones Sígueme.

Villafañe, E. (1995). Seek the Peace of the City: Reflections on Urban Ministry. Grand Rapids: William B. Erdmans Publishing Company.

Williams, C.W. (1960). John Wesley's Theology Today. New York: Abingdon Press.

Webber, R. (1992). Signs of Wonder. Nashville: Star Song Publishing Group.

(ed.) (1993). The Biblical Foundations of Christian Worship. (Vol. 1), Nashville: Star Song Publishing Group.

(1992). Worship is a Verb. Nashville. Star Song Publishing Group.

(1994). Worship Old & New. Grand Rapids: Zondervan Publishing House.

Witt, M. (1995). ¿Qué hacemos con estos Músicos? Miami: Editorial Caribe

Zodhiates, S. (1984, 1990, 1991). The Hebrew-Greek Key Study Bible. Chattanooga, Tennessee.

Made in the USA
Charleston, SC
17 July 2014